美術

Gilbert Clark
Enid Zimmerman ● 著

林仁傑 ● 譯

資優教育
原則與實務

Teaching Talented Art Students

PRINCIPLES AND PRACTICES

Gilbert Clark • Enid Zimmerman

目 錄
Contents

導 論 ● 001

1 藝術才能發展的當前議題 ● 009

2 學生的鑑定 ● 031

作者簡介
About the Authors

Gilbert Clark 和 **Enid Zimmerman** 是一對夫妻檔，他們撰寫藝術才能發展與藝術資優教育的相關論述已超過二十五年歷史，所發表的論文、專書裡的篇章、專書和專題論著包括：《藝術資優學生的教育》（*Educating Artistically Talented Students*）、《藝術資優學生的教育資源》（*Resources for Educating Artistically Talented Students*）、《了解美術測驗》（*Understanding Art Testing*）、《鑑定美術資優學生的議題與實務》（*Issues and Practices Related to Identification of Gifted and Talented Students in the Visual Arts*），以及《視覺藝術資優學生的教學計畫》（*Programming Opportunities for Students Talented in the Visual Arts*）等書；也撰寫中學教科書《藝術與設計：視覺溝通》（*Art/Design: Communicating Visually*）。

他們榮獲全美資優兒童論文年度獎以及 Jacob Javits 資優與才能優異兒童獎項的贊助。兩人均擔任國際藝術教育協會（International Society for Education Through Art, INSEA）全球顧問、編輯 *INSEA News*，並接受二十幾個國家邀請演講或擔任研討會專題講座；同時榮獲美國美術教育協會（National Art Education Association, NAEA）與國際藝術教育協會的許多獎項，以及卓越會員獎。

Gilbert Clark 為印第安那大學榮譽退休教授，其研究藝術課程、兒童藝術發展、藝術測驗發展，以及藝術學習評量。他曾協助發展許多主要的課程計畫，包括蓋迪基金會的學科本位藝術教育課程的推展。

Enid Zimmerman 為印第安那大學的教授及美術教育和美術資優教育計畫的共同主持人，研究女性美術教育、教育領導，以及美術教學與美術師資培育等相關議題。她已在上述這些議題與人合作撰寫許多書，包括《女性藝術教育者 I-V》（*Woman Art Educators, I-V*）和《藝術教育方法與

方法學研究》（*Research Methods and Methodologies for Art Education*）。
她被稱為美國美術教育協會（NAEA）年度美術教育家，並擔任該會研究委員會主席。Enid Zimmerman 最近為《美術教育政策與研究指南》（*Handbook on Research and Policy in Art Education*）編輯教師與師資教育部分，以及擔任其中一章（「資優學生的藝術學習」）的共同執筆作者。

譯者簡介
About the Translator

林仁傑

　　林仁傑又名林彩豐，1948 年出生於台灣雲林。1967 年嘉義師範學校畢業後擔任小學教師。1973 至 1977 年就學於國立台灣師範大學美術學系；在學期間，全神貫注於藝術創作並為從事中學教育做準備。教書八年後，回到美術研究所進修。1987 年受聘擔任國立台灣師範大學美術系教職。現任國立台灣師範大學美術學系專任教授，主要授課科目為基礎水彩、藝用解剖學、藝術鑑賞、美術教材設計與製作、美術資優教育理論與實務研究、創造力與視覺藝術等。1997 年前往美國印第安那大學布魯明頓校區（Indiana University at Bloomington）教育學院研究美術教育，2002 年及 2008 年受邀擔任該校訪問學者。

　　現為台灣水彩畫協會、台灣國際水彩畫協會、中華民國畫學會會員。曾擔任台灣省展、全國美展水彩類審查委員，及縣市地方美展評審委員。出版個人畫集三冊，和國畫教學、美術教育專書各一冊，以及數十篇美術類學術論文。2003 年開始至今，曾翻譯《捕捉繪畫質感》（*Capturing Texture in Your Drawing and Painting,* Michel War, 2002）、《水彩畫》（*Watercolor Painting,* Joe Francis Dowden, 2003）及《美術資優教育原則與實務》（*Teaching Talented Art Students: Principles and Practices,* Gilbert Clark & Enid Zimmerman, 2004）等美術專書，並擔任台北市積木文化事業公司《藝用解剖全書》（*Anatomy for the Artist,* Sarah Simblet, 2001）中文版之編審。曾於台灣師大畫廊、台北市立美術館、雲林科技大學、萬能科技大學、雲林縣文化局展覽廳、台北市福華師大藝廊舉辦個人畫展。

謝 辭
Copyright Acknowledgments
感謝下列書籍的慨允引用書中資料

　　這是同意提供本書引用其書中資料的書單。我們從這些書中引述五百字或多於五百字的資料，這些原始資料可能被些許改變。既然我們要為自己著作的版權表示負責，我們便傾向收納下列文獻充當引證資料。我們依據英文字母順序排列，而不是依照篇章順序列出書目，因此書目不會重複出現，這是精簡過的書單。

Clark, G. (1984). Establishing reliability of a newly designed visual concept generalization test in the visual arts. *Visual Arts Research, 10*(2), 73-78.

Clark, G. (1992). Child art, art teachers and gifts: Implications of the concept of artistic giftedness. *Images, 3*(3), 2.

Clark, G. (1993). Judging children's drawings as measures of art abilities. *Studies in Art Education, 34*(2), 72-81.

Clark, G., & Zimmerman, E. (1978). A walk in the right direction: A model for visual arts education. *Studies in Art Education, 19*(2), 34-39.

Clark, G., & Zimmerman, E. (1986). A framework for educating artistically talented students based on Feldman's and Clark and Zimmerman's models. *Studies in Art Education, 27*(3), 115-122.

Clark, G., & Zimmerman, E. (1988). Views of self, family background, and school: Interviews with artistically talented students. *Gifted Child Quarterly, 32*(4), 340-346.

Clark, G., & Zimmerman, E. (1992). *Issues and practices related to identification of gifted and talented students in the visual arts*. Storrs, CT: National Research Center on the Gifted and Talented. Research for this report was supported under the Javits Act Program (Grant No. R206R0001) as administered by the Office of Educational Research and Improvement, U.S. Department of Education. Grantees undertaking such projects are encouraged to express freely their professional judgement. This report, therefore, does not necessarily represent positions or policies of the Government, and no official endorsement should be inferred. This document has been derived with the permission of the National Research Center on the Gifted and Talented.

Clark, G., & Zimmerman, E. (1994). *Programming opportunities for students talented in the visual arts.* Storrs, CT: National Research Center on the Gifted and Talented. Research for this report was supported under the Javits Act Program (Grant No. R206R0001) as administered by the Office of Educational Research and Improvement, U.S. Department of Education. Grantees undertaking such projects are encouraged to express freely their professional judgement. This report, therefore, does not necessarily represent positions or policies of the Government, and no official endorsement should be inferred. This document has been derived with the permissions of the National Research Center on the Gifted and Talented.

Clark, G., & Zimmerman, E. (1997). *Project ARTS: Programs for ethnically diverse, economically disadvantaged, high ability, visual arts students in rural communities.* Washington, DC: U.S. Department of Education. Research for this report was supported under the Javits Act Program (Grant No. R206A30220). The final project report and identification, curriculum, and assessment manual can be accessed through the ERIC database (ED 419 762 and ED 419 765).

Clark, G., & Zimmerman, E. (1998). Nurturing the arts in programs for gifted and talented students. *Phi Delta Kappan, 79*(10), 747-756.

Clark, G., & Zimmerman, E. (2001). Art talent development, creativity, and enrichment programs for artistically talented students in grades K-8. In M. D. Lynch & C. R. Harris (Eds.), *Fostering creativity in children, K-8: Theory and practice* (pp. 211-226). Boston: Allyn & Bacon.

Guskin, S., Zimmerman, E., Okola, C., & Peng, J. (1986). Being labeled gifted or talented: Meanings and effects perceived by students in special programs. *Gifted Child Quarterly, 30*(2), 61-65.

Thurber, F., & Zimmerman, E. (1997). Voice to voice: Developing in-service teachers' personal, collaborative, and public voices. *Educational Horizons, 75*(4), 20-26.

Wilson, T., & Clark, G. (2000). Looking and talking about art: Strategies of an experienced art teacher. *Visual Arts Research, 52*(2), 33-39.

Zimmerman, E. (1991). Rembrandt to Rembrandt: A case study of a memorable painting teacher of artistically talented 13- to 16-year-old students. *Roeper Review, 13*(2), 174-185.

Zimmerman, E. (1992). Assessing students' progress and achievements in art. *Art Education, 45*(6), 34-38.

Zimmerman, E. (1992). A comparative study of two painting teachers of talented adolescents. *Studies in Art Education, 33*(2), 174-185.

Zimmerman, E. (1994-1995). Factors influencing the art education of artistically talented girls. *Journal of Secondary Gifted Education, 6*(2), 103-112.

Zimmerman, E. (1995). It was an incredible experience: The impact of educational opportunities on a talented student's art development. In C. Golomb (Ed.), *The development of artistically gifted children: Selected case studies* (pp. 135-170). Hillside, NJ: Lawrence Erlbaum.

Zimmerman, E. (1997). Authentic assessment of a painting class: Sitting down and talking with students. In G. D. Phye (Ed.), *Handbook of classroom assessment: Learning, achievement, and adjustment* (pp. 448-458). New York: Academic Press.

Zimmerman, E. (1997). Excellence and equity issues in art education: Can we be excellent and equal too? *Arts Education Policy Review, 98*(4), 281-284.

Zimmerman, E. (1997). I don't want to sit in the corner cutting out valentines: Leadership roles for teachers of talented art students. *Gifted Child Quarterly, 41*(1), 37-41.

譯者序
Preface

　　自從 1997 年首次造訪美國印第安那大學布魯明頓校區迄今，與 Clark 博士、Zimmerman 博士、Manifold 博士交往已達十二年。2008 年 6 月，Zimmerman 博士應邀來台北參加「全球創造力論壇高峰會議」（World Creativity Summit），曾提起她與 Clark 博士合著出版的美術資優教育專書——*Teaching Talented Art Students: Principles and Practices* 有意出版中文譯本一事。由於筆者從事美術資優教育之理論研究與教學實務多年，對於該書內容知之甚詳。因此與心理出版社林總編輯商洽中文版翻譯及出版事宜，並委由筆者負責中譯任務。適值 2008 年 8 月至 2009 年 7 月為筆者休假研究的年度，加諸 2009 年 8 月 3 至 7 日筆者將出席加拿大溫哥華舉辦的第十八屆世界資優兒童教育學術研討會發表論文，於是順勢擬妥前往印第安那大學從事研究的計畫，由印第安那大學教育學院邀請赴美研究，並運用學術研究餘暇，留在布魯明頓校區完成這本書的翻譯初稿。

　　Clark 博士與 Zimmerman 博士同心協力研究美術資優教育之理論與教學實務已累積三十餘年的經驗，是此一研究領域最具權威的教育學者。他們共同發表的美術資優教育論著甚多，除了 1984 年出版《藝術資優學生的教育》和 1987 年出版《藝術資優學生的教育資源》之外，專案研究計畫和專題論文更是多得難以計數。然而，這許許多多的美術資優教育論著卻未曾有中文譯本，極為可惜。雖然書中難免出現一些美國本土文化背景、地理環境、教育制度的特殊問題，但筆者認為他們在美術資優教育方面的研究發現非常值得當前台灣推展美術資優教育參考。

　　台灣美術資優教育從 1981 年納入正規學校教育體系已達二十八年。推展的規模甚於美國各州，執行策略、學生美術才能的鑑別方法與工具的研發，都有卓越的成效，也具有自己的特色。Clark 博士與 Zimmerman 博士於 2004 年出版的 *Teaching Talented Art Students: Principles and Practices* 的中譯本（《美術資優教育原則與實務》）出版後，將有助於擴充國內教育工作者的教育知能，提供再省思、取長補短、求進步的動能。

本書中譯本的啟示

　　這本書的主要論述裡，筆者將其最具啟發性的論點陳述如下：

一、推展藝術資優教育的過程中，有必要先提出兼顧追求卓越與公平教育精神的構想。這是台灣近三十年來施行藝術資優教育，甚少公開提出討論的議題。

二、「克拉克繪畫能力測驗」（Clark's Drawing Abilities Test）已經證明學生有著「貧弱」、「中等」和「資優」的美術才能「常態分配」（Clark, 1984）。

三、Zimmerman（1991, 1992b）所主持的兩個美術資優教育任課教師特質的個案研究，他們所教的是 13 至 16 歲的學生，教學時間為期兩星期，實施觀察研究的場域是印第安那大學夏令藝術學院的繪畫課程。他們發現美術資優學生的教師如何成功的達成他們的課堂教學，以及這些美術教師的顯著特徵。這是教師個人特質對教學成效的影響的研究案例，值得台灣教師參考。

四、提供廣泛的藝術資優學生的鑑定方式，包括非結構性推薦（他人的推薦信）、自我推薦（申請者的熱切期望與興趣）、結構性推薦（家長、同儕、班級教師、美術教師依據描述性檢核表推薦）、美術課成績、學科成績紀錄、成就測驗成績、標準化美術測驗、非正式美術測驗、錄影與錄音帶的檢閱、檔案資料的檢閱與試聽、面談與行為觀察、生平事蹟訪談等等；這些鑑定方式可供當前台灣美術資優教育參考。

五、學生針對學科和藝能科被鑑定為資優生後的標籤效應，這是推展特殊
教育的過程中，教育學者、教師、學生家長、學生本身都關心的問
題。Clark 博士與 Zimmerman 博士在本書中，將他們的研究發現結果
提出來討論，可供國內美術資優教育工作者參考。

六、藝術才能發展不應只單方面要求寫實描繪外在世界。學生的藝術作品
應考量感知理解力、表現力、媒材應用技巧及觀念等方面，包括主
題、雙關語、悖論、隱喻等；這些品質比單純要求寫實描繪外在世界
為成果的計畫更適宜於用來規劃學習活動。

七、建議使用多元標準鑑定系統。使用時，應包含多種不同的鑑定工具與
步驟，避免僅僅使用一或兩種相似的方法。

八、智力和藝術之間確實存在著關聯性，而且學科能力出眾的學生在藝術
方面也可能有特殊藝術才能。雖然並非全部學科能力出眾的學生都具
有藝術才能，他們卻通常具備能力取得因應優秀創作時所必須突破的
方法和技巧。

九、建議運用以下的方法使真實評量（authentic assessment）達成預定的
目標：

（一）針對特定的課程選定不同的學生。

（二）要先清楚示範與說明：教師和學生都應了解自己該如何達成目
標。

（三）提供老師一些資訊使其知道已達成哪些目標，及該調整的地方
有哪些。

（四）以一些有意義的工作或任務來建立有效的評量系統。

（五）提供家長們一套簡易的工具，幫助他們了解孩子的成長。

（六）最後要辦理一個公開性的展覽，讓學生們得以展示他們所學得
的技巧，及他們針對某主題所能展現的想像力與實行力。

教學評量上的應用方面，真實評量的概念理解與實務操作是一種較新的嘗試。Clark 博士與 Zimmerman 博士的提示，可供國內教學者參考。

國立台灣師範大學美術學系教授

林仁傑　謹識於 2010 年 10 月

ᓚ 譯者（左一）於 2008 年 12 月與 Zimmerman 博士、Manifold 博士和 Clark 博士合影於印第安那大學布魯明頓校區

ᓚ 這是譯者 1997 年前往美國印第安那大學布魯明頓校區進修的前一年暑假與 Clark 博士、Zimmerman 博士合影於他們的住家客廳。較之 2008 年 12 月所拍攝的照片，我們三個人顯得年輕多了

致 謝
Acknowledgments

　　感謝劉靜凰、陳欣吟、沈義捷、劉子寧等四位青年藝術家提供下列五幅畫作圖片，使得這本書的封面顯得格外秀麗雅致。

○ 劉靜凰《花與鳥》：「美麗的鳥兒搭配枝頭盛開的鮮花，充滿朝氣與生命力。」（作品完成於 18 歲）

○ 陳欣吟《鳥瞰層巒疊翠》：「遠離塵囂，覓得人間仙境。」（作品完成於 18 歲）

cs 陳欣吟《模特兒》：「水彩畫的現場人物速寫作品。」（作品完成於 18 歲）

cs 劉子寧《悼念》：「獻給妳。一度因為妳的不在而難過，但我知道，妳在那永生的國度，現在在，以後也在。」（作品完成於 17 歲）

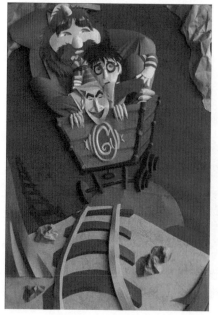

cs 沈義捷《未知》：「這是《哈利波特：神祕的魔法石》小說裡的一個片段，有種令人緊張的未知感。」（作品完成於 14 歲）

導　論

ᘒ 圖 0.1　一位參加印第安那大學夏令藝術學院的學生正以另一位拉大
　　　提琴的學生為題材作畫

首 先讓我們假想：有一位藝術家在設備齊全的工作室裡從事創作，這位藝術家全神貫注於他的創作思考，嚴謹地執行製作新藝術品的任務，但是在「思維堵塞」的狀況下根本無法作畫，因為畫廊經營者已經為這一委託作畫的任務設定許多嚴格的條件；這位藝術家因此感到困擾而沒有把握能完成這項工作。這位畫廊主持人強加於此一委託作畫任務的條件如下：

1. 作品不能參考現實世界看得到的東西（例如：從記憶中創造出所有的圖像）。
2. 所表達的重點放在藝術家所體驗的所有心境和情感上。
3. 朝向新穎而又未曾嘗試過的媒材以及可供運用的新技術去創作。
4. 在每一新媒材中創造既獨特又不同的意象。
5. 在每一工作室的工作期間創作一件完整的藝術品。
6. 避免接受評論或批評。
7. 只觀察與這些條件相似的其他藝術家的作品。
8. 避免接觸那些可能衍生與本委託任務有關的圖像。（Clark, 1992）

我們很同情這位藝術家內心的困惑，也能了解他面對畫廊附加的條件所產生的無力感與無所適從。然而，類似的情況發生在學校的日常課堂上，特別是在小學裡：美術教師就是扮演畫廊主持人的角色，教室就是這一群小藝術家的工作室。這樣的描述可能有些誇張，但它形容教師經常安置學生在教室裡作功課（作畫）。其結果是可以預料也能達到自我實現的效果；在這種稱為實現兒童藝術或自我表現的結果裡，大多數教師已被導向安置這種教學情境，甚至苛求學習有別於他們的藝術經驗。

在這樣的情境下被要求創作是不利於大多數學生的表達能力的，尤其不利於藝術資優學生。與大多數高能力的學生一樣，藝術資優學生生來早熟、比其他學生理解快又學得多；他們處理抽象概念很快，只要少許案例就能直覺地理解一般常識，同時具有高度能力能助長他們在視覺藝術與表演藝術方面的成就。在視覺藝術高度發展的早熟學生常展現超乎一般

人的理解力；他們視覺敏銳、觀察力比其他學生強。他們展現高敏感度於設計、平衡、色彩、構圖，而創造有意義的藝術品。他們善於操作藝術媒材，也認為他們的創作很重要，而且情感表現和傳達能力強，因此比其他學生更能創造有意義的藝術品。然而，這些能力、技巧和理解力並不只是成熟的結果，像大多數人類行為一樣，它們是靠學習得來的，並且很明顯的可以看出是經過縝密教導所獲得的結果。

　　在學校裡，因為教育理念與教學實務未注意到他們的能力與興趣，視覺藝術資優學生常面對不公平的挑戰。有些教育信念盛行於教師之間，而且地方上、州裡，甚至全國的行政措施經常被強化明顯違反藝術才能的培育和美術資優教育的實務推展。這些信念因缺少特殊教育課程或機會去配合美術資優學生的需要而更深化。

　　其中一個錯誤的想法就是：假如任由視覺藝術資優學生順其自然不加干涉，他們就會發展出一套有效的技巧，而且表現出他們自己的創造力。然而，我們都知道，這些學生的能力和才華將可能處於沒有工具精確鑑定，以及教師沒有被引導使用適當的策略和資源去發展他們的才能、去建構教育計畫與課程、去規劃環境等情境下。

　　另一誤傳的有關美術才能發展的想法是這些學生來自具有特權、特定種族、人種、文化或社經的背景，因此自然擁有比其他學生較多的才能。事實上，藝術資優學生來自存在著性別差異、種族差異、文化差異、社經差異屬性等多樣性的背景，這些差異都存在於所有的社區裡。

　　尚有的另一錯誤想法就是所有的學生均擁有相等的才能，因此教育可以平等發展每位學生的才能。粗暴地認同平等主義並不等同於民主社會的實務措施。在民主傳統裡，資優者應被認同並支持他們接受有計畫的教育；個別差異應被鼓勵，而且每位學生應有權利去達成他們的最佳能力。因此，在民主社會的學校裡，必須提供藝術資優學生必要的教育配套措施，讓他們充分達成他們可能得到的最高成就，使他們的能力被認同、被保護，並得到應有的獎賞。

本書簡介

　　本書針對藝術才能卓越的學生當前的教育問題提出適切的關懷。它的內容植基於二十五年以上有關視覺藝術資優教育的研究、領導計畫、省思、著作成果。這本書打算提供小學任課教師和藝術專家、國中和高中藝術教師、有意願統整視覺藝術於美術資優課程的教師、大學藝術科系的學生和藝術教師，以及藝術資優教育行政工作人員等對象使用。它也提供給家長、州藝術指導、藝術資優計畫，以及其他關心視覺藝術資優學生未來前途的人士。

　　本書包含六章，第一章討論藝術才能發展的當前議題，包括藝術資優學生的卓越教學與教育公平性問題之間的緊張狀態、統整藝術資優學生的藝術科與學科的教學，以及培育藝術才能的正確觀念與錯誤想法。第二章探討藝術資優學生的鑑別和鑑別工作的相關建議。第三章為藝術資優學生才能的鑑定，以及從下列幾方面去考量他們的特質：從參與美術資優課程的學生立場、藝術資優女學生的藝術教育的理解，以及藝術資優學生的個案研究。第四章所關注的是藝術資優教育的教師特質與教學策略，介紹兩位藝術資優教育教師的特質及他們的教學策略、教師導引學生參與有關藝術品的欣賞和討論，以及藝術資優教育教師的領導角色。

　　第五章討論一些培育藝術資優學生的藝術資優教育課程架構，並介紹實務上的運用。建構一套完整藝術資優教育課程的計畫、考量文化因素的藝術資優教育課程架構、為鄉村社區美術資優學生建構課程。第六章為導引藝術資優教育的真實評量，進而有計畫性的提供教育機會與政策；其中包含國中及高中美術資優學生夏令學院，以及具有多樣族群學生社區的地區性發展評量。

　　我們不敢大意地聲稱這本書總括藝術才能教育有關的所有議題和關懷；我們甚且顧慮到鑑定美術資優學生對於藝術才能發展的重要性，並描述關係重大的研究和對推展藝術才能教育有貢獻的參考文獻。

本書所提到的重要研究與培育計畫

　　我們所推展和共同合作的三個研究和課程計畫都將在本書中提出。為了幫助讀者了解，本書提供計畫的完整描述充當背景資料；這些計畫所包含的要項將在後面幾章加以說明，但詳細的細節不再贅述。

印第安那大學夏令藝術學院課程

　　十多年來，我們指導為期兩週的夏令藝術學院課程，此一活動是在印第安那大學校園內舉辦。規劃與執行此一活動是為了服務一群非常熱愛視覺藝術、音樂、舞蹈或戲劇的七、八、九、十年級藝術資優學生，這些學生均依據特訂標準檢定為才能卓越的學生；我們的方針是容許有顯著才能或具藝術潛能的學生去發展特殊能力和視覺藝術的興趣。這些學生在校園宿舍住宿兩星期，大約有半數領有獎學金；他們大多數是印第安那州的鄉村子弟，其他的則是來自鄰近的州和其他國家。

　　主要目標是擴充知識、技能和了解視覺藝術，並提供學生與具有共同興趣和能力的人一起工作和互動的機會，也和藝術專家一起探究藝術。強化學生藝術學習的動機，透過許多文化的藝術傳統去了解、欣賞藝術品所傳達的情感、觀念以及價值，同時也發展個人的表現技巧。

　　參加學院活動者都分配於主修素描和彩繪的班級，並且每年依實際需求選定兩種藝術班的課程。所有班級都由印第安那大學的教師授課。主修課提供機會給學生探究一些平時在原就學的學校未能接觸到的媒材與技術；選修課提供其他各種不同的藝術活動，例如人物素描、電腦繪圖、攝影、陶藝、畫圖說故事、合唱、爵士樂，以及現代舞或音樂劇等等。

　　指導教師為下午和週末的時間安排活動，內容包含游泳、玩遊戲、開放性藝術創作，以及參觀藝廊和博物館等活動。特殊的夜間活動包括藝術家講座、音樂節目、才藝表演等。

　　課程方面實質上是不同於原就學學校的一般課程。教學重點強調問題的發覺和問題的解決；尤其鼓勵學生能個別地解決問題，也教導他們去體驗獨立研究。要求學生進修、發展技能，並引導學生認識過去的世界與當代藝術。

美術資優課程

　　教導一批教師使他們增長教學能力，並在他們自己的課堂與社區環境裡承擔教育工作的領導角色——在這裡頭已被評估過的共有關聯性是美術資優課程（Artistically Talented Program, ATP）的目的。協助教師建立信心而勇於說出內心的話、成為挑戰者、勇於決定教些什麼和如何教學是很重要的。透過共同合作和分享領導經驗，教師們能扮演強而有力的社會與政策的積極角色，成為具有影響力和有價值的專業人員。在五年的時間內，在印第安那教育局的支持與贊助下，我們共同推動這個美術資優課程，到現在縱使沒有接受贊助也仍繼續執行這個課程。不論是尚在執教或只參與初始的課程，參與此課程的所有教師都是從幼稚園到十二年級的合格美術教師。在公認的公平競爭基礎上，他們接受自由安排的房間和膳食、教學、材料供應、書本，以及購買藝術資源的津貼等。ATP 為期二又二分之一週，而兩個 ATP 班級均每天實施；教師們還要負起接著來臨的一學年的任務。假如兩學期選五堂課，就可以取得州政府對於其資優教育的簽署。

　　此一課程的目標包從含下列幾方面去協助教師：

1. 能面對挑戰、質疑他們自己所承擔的任務，並檢驗他們的教學策略。
2. 能機智地挑戰所要介紹的內容。
3. 變得更能決定他們所要教給學生的教材。
4. 成為社區共同體的成員且彼此激勵成為領導者。
5. 形成合作的團隊，在團隊中探究運用主題式教學的傳統技術與新穎技術。

6. 富有彈性而又能廣泛地構想他們所要教的內容。
7. 承擔領導角色，並在州的公聽會和地方性研討會公開提出他們的計畫。

　　教師選擇並發展他們自己的主題與方法去為美術資優學生建立課程，同時依據其構想的類似性組成四或五個小組，各小組繼續處理下一學年以及後續的許多年的課程。每年校友從前幾年處理學年裡的經驗去分享彼此間的構想，並繼續他們先前的網際交流與合作。

　　ATP 是特地為了教導在職教師成為能充分服務美術資優學生的教師，所強調的是培養一個了解問題、議題，以及研究資優鑑定、教學方法、計畫政策、計畫評鑑和教育資源的教師。參加者都被鼓勵去反應他們的態度和價值觀，並形成有關美術資優課程的個人論點。教學也聚焦於協助他們理解、能客觀評量與美術資優教育相關的課程資源和材料。我們透過與ATP 參與者共進膳食，以建立一個家庭般的環境；在這個環境裡的溝通範圍從各種美術才能發展的相關問題和議題到個人的考量和執行。大量的時間投注於參與分組活動，這些活動兼顧社會性與專業性。所有的班級成員都被鼓勵去為長遠目標而努力，並提供機會成就他們。

ARTS 計畫

　　都市裡的犯罪、無家可歸、測驗成績下降、未成年懷孕，以及其他常被列為首頁新聞的議題是普遍被關注的焦點。鄉村社區學生的需求和問題較少被注意，當然報導也較少。聯邦機構先前已投入許多經費於鄉間學校的學科資優教育，ARTS 計畫也是一個為印第安那州、新墨西哥州、南卡羅來納州七所提供鄉間美術才能學生設計研究和發展的計畫（Clark & Zimmerman, 1997）。這些學校提供 55% 至 99% 的學生免學費和午餐——這表示他們的社區經濟不佳。

　　簡言之，ARTS 計畫的主要目的是鑑定那些政府未妥善照顧的高能力視覺藝術和表演藝術的學生；為具有上述情形的學生實施兩年課程，並評

量這些方面的工作成效。ARTS 計畫的特定目標是滿足那些具有文化差異的美術資優學生的需要，而這些社區被選來參與此計畫是因為這些社區的大多數人代表根深蒂固的鄉村次文化。

兩個印第安那社區均座落於印第安那州南方的農業區，在那兒已有好幾世代，許多家族從肯塔基州和田納西州的阿帕拉契山區移居此地；他們代表一個有英格蘭與蘇格蘭文化特色的社區。

新墨西哥州的兩所學校各以其具有特殊文化背景而參與此計畫。一個為西班牙血統學生；這些學生的家庭自 1500 年代中期定居北新墨西哥州，他們的西班牙天主教背景均與靠近 Pueblo 文化的美國原住民交互混合。另一學校的學生則完全是美國人，住在保守的傳統拉丁文化 Santo Domingo 保護區，說摻雜有他們傳統 Keres 語言的西班牙語和英語。

位於靠近南方海岸尖端的南卡羅來納州，Beaufort 是發展出 Gullah 語言和文化的 Sea Islands 和非洲裔美國人的發源地。他們從早期非洲祖先輸入當奴隸就住那兒。此一地區有三個鄉村學校參加 ARTS 計畫。

這四個文化群體在此計畫中代表他們各自區域的同質文化，每一個均有很久遠而又根深蒂固的歷史與文化背景，但是這些學校都沒有將社區藝術或地域文化納入課程。在印第安那州，參與此計畫的學校有藝術與藝術資優兩種課程；新墨西哥州沒有藝術教師但有長期的資優課程；南卡羅來納州有藝術教師但沒有資優教育課程。ARTS 計畫的工作夥伴強調多種族方式幫助學生了解和欣賞他們自己社區或家族的手工藝術品、民俗藝術、流行藝術和文化傳統。我們鼓勵每所學校教師去組織家長與社區顧問小組以幫助鑑定學生，把地方特有文化帶入課程裡並評量實施的成果。

每一個學校的教職員都決定加強他們社區的歷史和文化背景以及藝術，其他文化的藝術也被研究，而分殊課程則擴充到包含音樂和舞蹈；隨後，這些都在整個範圍內彼此交換。因此，在參與 ARTS 計畫的七所學校裡，每一群體的學生都能研究和分享彼此的構想、價值和有關所有學生的文化傳統。

藝術才能發展的當前議題

cs 圖 1.1 這是參加印第安那大學夏令藝術學院的七年級學生所做的照片拼貼圖,此圖顯示她關心她國中時期八卦消息的負面影響

許多當前的議題直接顯現於當前培育藝術才能發展的相關考量上。一個是存在於精英主義論者（elitism）與平等主義論者（egalitarianism）之間要求注重培育具有高能力的學生的藝術才能，同時也要提供優良的藝術教育課程給所有學生的問題；另一個議題是關於如何為具有資優才能的學生統合藝術與學術的問題；而第三個議題則是資優、才能發展與創造力之間的定義與相關性。

藝術資優學生追求卓越成就與公平教育的議題

精英主義論者與平等主義論者之間的衝突出現在所有的社團裡。為了避免產生精英主義的教育系統，許多國家的教育政策包含承諾提供相等的機會給所有的學生。美國人從來不曾舒坦的面對追求卓越兼顧公平教育的構想，而此一不舒服的感覺經常歸究於根深蒂固的反智主義（anti-intellectualism）（Zimmerman, 1997e）。

在自由民主社會的傳統中，民主體制的承諾只能在每個人都可得到個人應得的利益時才能達到目標。Smith 和 Traver（1983）將「公平」（equity）定義為對正義、公正甚至仁慈的渴望，將「追求卓越」（excellence）定義為對達成人類盡善盡美的最高程度的渴望。在此一傳統中，培養好公民或健全社會的唯一途徑是要有高度的期許，且經由獨立的、個別的努力去達成最卓越的表現。其他學者已經界定的「公平」是透過教育的介入，以符合所有學生（從有學習障礙者到天資聰穎者）需求的觀點，而且認為民主教育的結果應該提供每個學生最充分的學習機會（Evans & King, 1994; Stevens, 1992）。

顯然地，在要求公平與追求卓越的教育需求時，兩者間的平衡上產生進退兩難的困境，特別是在一個人口統計變動較大的時代。Stevens（1992）認為「追求卓越」與「公平教育」已經被解釋為兩者互相排斥，

但是公平教育與追求卓越在理念上卻能相互融合。他定義「公平」為提供給每一個人的機會均等。當每一個人的特殊教育需求獲得滿足,且學生盡其所能而獲得進步時,追求卓越的構想才會浮現。此一以「追求卓越」和「公平教育」平等導向的解釋,指的是前面提到的有關兩者之間可能獲得整合或彼此分離的重要問題。

當所有人的教育機會平等的價值觀顯現出與高成就的傳統認知處於對立情態時,公平教育與追求卓越在教育上的疑問便經常被提起。Gardner（1961）曾提到有三個對抗的本源 —— 世襲的特權、平等主義、競爭性的表現,而此一張力狀態是產生在「個人表現的重視與個人表現的約束」（p. 28）,他認為此一張力狀態永遠不可能被化解。他用「平等主義」（equaltarianism）這個名詞所界定的教育是:「人人獲益且在能顧及每個人的前提下,尋找建立追求卓越的途徑。」依據 Gardner 的觀點,民主制度一定要在教育中促進人們追求卓越以求生存,但是追求卓越一定以兼顧每個人的福祉為前提。社會一定要提供機會與獎勵給每個人,這樣他們才能了解自己的潛能,表現出最好的能力,而不怨恨其他不同程度的優劣表現。民主教育應該包容每個分立個體之間的平衡、競爭所導致的爭論,而且要注意不要被導向特權階級與極權主義。

追求卓越與公平原則的對抗所引發的問題,對於提供公平機會給所有人民的國家而言,所指為何?假如所訂定的標準很重要,那麼所有的人民一定要適用於一樣的標準;如果公平的機會很重要,那就該提供不同的資源給不同的學生。學校教育的介入一定要確保沒有學生因進步優劣的影響而受到阻礙。缺少公平的追求卓越是精英主義者的行徑,而缺少追求卓越的公平只會造就平庸的社會。因此,平衡的政策有必要在追求卓越與公平原則之間,維持充滿活力的張力狀態。

歷史背景

簡要的回顧美國教育追求卓越與公平的歷史是很重要的,此一歷史背

景包含從已證實的 Jacksonian 和 Jeffersonian 兩派之間相互對立的理念，到當今所顧慮的教育機會與教育實務。教育觀點的對立並非新鮮事，它們的根基築基於 1789 年到 1877 年間遺留下來的教育問題，其問題與現今發生的景況有著很大的關聯。在當時，Jacksonian 和 Jeffersonian 有關追求卓越與機會平等的不同概念逐漸形成，而且都各有民眾支持。Jefferson 認為藝術教育的涵養應該從所有的社會課獲取，他支持大學是教育優秀的學生使其成為社會領導角色的地方；同時 Jefferson 認為優秀的學生來自任何階級——不是只有來自享有特權階層的學生，其都能依據他們的能力提升至領導者的角色。

Jackson 視公辦教育為一個偉大的教育平等促成者，為建立有凝聚力的社會提供共同的基礎，免除歐洲社會的貴族類型。他相信所有的人都能扮演領導的角色，並且使受過良好教育的農夫與學者的地位平等。他試圖建立一個免費的學校教育系統，不管能力高低，每一個高中畢業生在那裡都能就讀公立大學，並學習社會所需要的才能。

1893 年十人委員會（為重要的教育者，被國家教育協會任命研究中學的所有課程）提倡美國傳統的高中學校課程一致化。任何一個人只要讀完高中就能進入大學。以公平的觀點來看，非學院教育（non-college-bound）的學生與學院教育（college-bound）的學生之間並沒有差別。到了 1920 年代，移民法改變，而社會階層形成的需求隨之浮現。關於更深層的人種、階級、性別等教育不平等的議題都沒被提出。在 1920 年代與 1930 年代早期，強調心理測量的測驗運動盛行，證明智力測驗得分高低與學校的學習成就有關。此一測驗運動影響了 1930 年代與 1940 年代後期；著重在個人、學校、社會之間的相互連繫，而教育工作者懷疑標準化測驗的意義及過度依賴測驗結果的教學。Lowenfeld（1954）提出的「自我表現與創造力」概念已達到成熟階段，此一概念迅速流行並主導後來五十年的教育理論與實務，強調創造性的自我表現能力的方式非常重視以學生為中心的藝術活動。其重點是強調藝術材料多樣化的運用，以及相較於教導學生，主張教師的角色更重要的是直接從技術與技巧培植與激發學

生的學習動機，期望學生能在成人的最少干預下自然地發展。

　　1950 年代的後人造衛星時期，強烈關注在發展具有高能力的學生的數學與科學才能。學生分組教學與能力編班的課程開始普遍，依據標準化測驗得分的個別差異為決定學生能力分班的依據。在 1960 年代早期到中期，追求卓越的教育取代了以追求公平為目標的教育，其關注的焦點由學科資優學生轉移到那些沒有享受適當權益的學生，透過聯邦立法支持長期被忽略的少數民族與弱勢族群等社會議題。在 1970 年代，弱勢團體學生與相關於社會正義、彈性課程與個別學習者有關的議題再度受到關注。

　　1960 年代與 1970 年代的重視公平教育並未產生令人滿意的教育成效。因而在 1970 年代晚期，關注焦點從社會公平的日漸式微轉向卓越教育的重視，顯現出一股回歸原位的運動。在這個新的全球環境下，美國學生的學科成就與其他已開發國家不均等。在 1980 年代，有許多公眾和私人的研究報告發表有關政府推展教育的狀況。在 1980 年代的前幾年，提出超過兩百個國家級與州級的改革案件，其結論顯示公眾教育在提供高標準的卓越學術方面已經衰退，尤其是提供給資賦優異與才能優異學生的案件。這個見解所浮現的問題是不應該給所有學生標準化的課程——即使應該要為所有學科設立一套必要的基本課程。大部分的人都同意學科課程在學校所有課程中的重要性，但是他們對藝術教育的支持與價值認定有所不同。

　　在 1980 年代早期，蓋迪中心（Getty Center）為美術教育所建立的基礎有目共睹，其強調透過技術的取得與了解藝術的評論、藝術史、美學與藝術作品等智慧的取得培養美術教育的卓越人才。這個概念被許多支持學科本位的藝術教育理念的研究與發展的研討會、機關、出版物搶先倡導，此一學科本位的運動很快地盛行，因為其哲理符合當時的教育需求。蓋迪中心提供資源與支助使藝術教育的改革措施得以迅速推展。

　　在這個歷史性調查的最後階段——1990 年代早期，教育仍繼續強調卓越教育，隨之而起的是學生家長和社區參與學校教育，以及對多元性與多樣性議題的關注。學校改革運動的議題包括多元文化論、內涵的述求、通力合作、共同研究與擴增能力。

資優教育課程

如同本章前段所提到的，根據許多研究高能力學生之教育的教育學者的主張，追求卓越與公平原則的概念必須相容。假如平等主義所指的是提供適合資賦優異與才能優異的學生所需要的平等機會，就如在他們心智方面或生理方面所提供的挑戰一樣，每一個學生應該得到適合他或她所需要的公平教育。此一概念所提示的是不同的兒童會接受不同的教育，但正如Gallagher（1993）聲稱的：「不平等的平等待遇是不公平的。」（p. 19）

充實制課程（enrichment）與速進制課程（acceleration）通常對於學生學習的潛在正面影響很大。在有關能力分組的研究中，Kulik（1992）發現具有高度才能的學生在實施速進制課程與充實制課程的班級教學中獲益很大。全體學生中，獲益最微弱的是能力分組中被指定以一般學習經驗組成班級的學生。在許多的研究報告中都顯示高能力的學生在學科方面的獲益最顯著；能力較低的班級的學生在學科方面沒有損害，且對許多個案是有幫助的。在多種能力混合的班級裡，高能力的學生的學習成就下降；而若依據他們的能力分班時，則學習成就上升（Kulik & Kulik, 1992）。那些擁有特殊才能的學生應該要有培養那些才能的機會，而這樣的機會應該因此不被否定。

提供給有資賦優異與才能優異的學生的特別教學方案並不表示這樣的學生要經常與他們的同齡學生區隔。在班實施充實制課程（in-class enrichment）、不同能力混合教學（ability grouping within a heterogeneous population）、拉拔課程教學（pull-out programs）、課後輔導（after-school programs）、暑期輔導（summer programs）、特定教師指導（mentorships）與實習教師指導（internships），都是教學環境規劃與教學實務安排的範例，這些例子都不從其他學生中把高能力的學生分開。不是所有的教育者都同意均勻分配的分群是平等的，某些人指責能力分班是差別待遇的、不公平的，而且是沒有效果的。也有其他人主張一般的老師在一般課堂的教學無法充分配合才能優異學生的教育需求，因而建議將有才能的學生從他

們的班級中移出；他們認為高能力的學生需要時間與相類似的同學相處，這樣他們才能比在一般班級的學習更精進於比較複雜難懂的見解。

為了增進所有學習者的教育品質，需要敏銳覺察他們的需求和小心計畫提供給他們的教育經驗。在機會的品質與教育的平等對待之間應該要有一個平衡點。高品質的教育應該是所有學生都能獲益，但是那些服務的本質應該依據診斷後的需求來改變。教育性的供應應該有所變化以適用於來自不同背景與不同能力的學生。

一個附隨的議題關係到課程中統整藝術科與學科的教學，這是為了讓資賦優異與才能優異的學生們能得到適當的教育機會而結合藝術與學科的教學。這對兼顧公平與追求卓越的教育也很重要，如果藝術才能發展是為了要在學校課程中取得重要的位置，那麼藝術能力就該被視為是需要智慧的認知能力而且是連結到學科的能力。

為資優學生而做的藝術、學術統整

那是我們大學校園的一個暖和日子，青少年學生們陸續搭車來參加為學科資優學生而舉辦的為期兩週學院課程。因為我們同是此一學院的美術資優學生的指導人員，負責學科課程的指導員問我們：「為何有那麼多學生帶吉他或其他樂器？畢竟，這是一個學術性的活動計畫。」我們答覆的是我們認為這是很自然的事，因為學生通常具有很多不同領域的潛在才能。為何一定要認為某些科學和數學分數高的學生不會擁有視覺藝術或表演藝術的興趣和才能呢？為什麼認為那些具有高度美術才能的學生不會同時具有其他學科的能力呢？為何沒有為學科能力和藝術能力都好的學生統整一套可供他們發揮潛能的學校課程呢？這類問題已經在教育文獻裡偶爾被論及（Clark & Zimmerman, 1998）。我們將在本章節回應這些問題，並且提出一個將藝術才能發展納入高能力學生的所有課程中某一部分的實例。

有許多提供給具有高度視覺藝術能力學生的課程，但這些課程往往不涉及學科領域的論述，或要求他們往高學科成就的目標去努力。高學科能力的學生和藝術才能優異的學生有將視覺和表演藝術整合為他們的教育的一部分的需求——因為這些需要常被忽略了。我們經營長達十年的夏令充實課程和超過二十五年的研究成果顯示那些被鑑定為學科資優的學生往往也是視覺藝術資優的學生，而那些被鑑定為美術資優的學生往往也是學科資優的學生。

賈維茲資優學生教育法案（Javits Gifted and Talented Students Education Act）建立許多課程和研究計畫。高能力學生指的是那些經由教育學者鑑定為在智能活動、學科性向、創造性或生產性思考、領導統御能力，或視覺與表演藝術等方面具有卓越能力和高度表演能力者，為了充分發展他們的能力，這些學生所需要的協助不是學校所提供的一般教學。

許多研究者和教育學者已經為「資賦優異」（gifted）和「才能優異」（talented）一詞提出適當的界定且賦予特殊的意義。過去，資賦優異（gifted）通常是指在學科方面具有超卓智能者，而才能優異（talented）則意指在視覺藝術和表演藝術方面具有卓越的能力；然而，最近資賦優異（gifted）仍維持它的意義，而才能優異（talented）則被界定為擁有高超的語言、科學、數學和其他科目的能力——然而所指的往往是不需要認知能力的科目。

學科能力與藝術才能之間的關係

有許多有關高能力的學生在學科與藝術領域之相關性的觀點。其中一種觀點是忽視才能發展即是學科資優學生教育課程計畫的構成要素；另一種是將學生的學科成就與視覺藝術能力視為兩個互不相關的事。常有研究者聲稱少有證據可以證明具有藝術才能的學生同時也具有學科方面的才能。

Gardner（1983）主張藝術與智慧與學科能力之間的關係是正向的，而 Sternberg（1985）認為藝術能力與智慧能力沒關聯。Winner（1996）暗示藝術資優學生具有很多智力測驗無法測量的能力。將藝術能力與學科能力分開看待，常造成藝術在資優教育課程裡被認為是沒有價值。然而，藝術卻有助於學科能力高超與藝術能力卓越的學生達成更高的成就。

　　我們自己執行的研究已經直接表明藝術能力與學科能力之間的關係。根據我們針對參加夏令藝術學院的青少年所做的研究，資料報告顯示參加此活動的全體學生的學、術科之間均呈現正向關係，而且他們的學科成績都很優秀。Zimmerman（1995）所做的個案研究發現，具有多樣才能的學生能在視覺藝術、音樂、語言與科學等面向的知能之間，表現他們的推論能力和非推論的能力。速進的學習模式使其能以多種方式完成課堂上的作業，包括運用視覺與語言雙方面的問題解決方式。這些課程的好處就是讓具有高能力的學生得以發展學科能力與藝術的能力——此一事實在此一個案研究和其他研究中均已獲得證實。

　　Eisner（1994）主張情感表現與認知行為都不是能區分開來的獨立運作過程。當人們面對問題和解決問題時，認知能力可以透過不同類的智慧加以擴充。使用語言、科學、社會研究、數學、視覺或表演藝術等技巧的決定以及面對其意義的了解，都會在不同文化中得到不同的回應。才能的發展有其共通的特點、特質和表現行為，而這些都反映在各種不同的文化背景裡。假如一種文化視藝術價值低於學術價值，那麼那些高能力的學生將較少接觸藝術，也沒有機會在藝術這個區塊表現他們的能力。當他們在無依無靠的情境下企圖解決他們在數學或語言上的問題時，教導學生運用他們的想像力和空間能力就顯得很重要。換言之，如果一位藝術家所扮演的是電腦繪圖師的角色，就像他需要運用視覺上的思維一樣，他也需要有效地運用數學、語文、個人的技巧。

　　就如同一門學科一樣，藝術教育應該幫助所有學生了解和欣賞藝術傳統在不同文化和形式上的相互流通與運用。Chapman（1978）描述藝術教育的宗旨和目標時曾說：「學校藝術課程……有助於兒童個人自我實現的

探求……藝術遺產的研究提供學生了解藝術就是展現人類成就的最佳方式。」（p. 118）這些目標對於學生將藝術併入完整而又廣泛的通才教育的訴求是十分貼切的。藝術在課程架構中既是基礎的也是必要的構成要素，針對培養個人才華和建立社會人際關係的、個人的、情感表現的及認知的技巧而言，任何一位有責任感的民主社會成員都需要藝術。

Achter、Benbow 和 Lubinski（1997）主張「為了挖掘具有豐富知識、多面向能力和多樣性智能的優秀人才」，應該使用能夠有效評估個人能力和偏好的工具進行廣泛的評量（p. 13）。很遺憾地，美國的教育已經造成智能卓越的人只主導學術領域的投資，而造成藝術被邊緣化。高能力學生的多面向觀點應該併入所有領域的才能發展，包括那些具有視覺藝術和表演藝術才華的學生。

有個容易察覺到的事實，那就是許多具有多領域的天賦（例如兼擅數學和音樂）或多樣藝術才華（例如兼擅視覺藝術和舞蹈），或只有一種專長（如只擅長繪畫或雕刻）的學生已經促進鑑定高能力學生的多元化標準評鑑系統的使用。其中有個理由就是因為多元化標準評鑑系統有利於選擇具有多樣才能的優秀學生。

對於藝術資優學生特質和能力的了解常常依據資訊不足的判斷而有影響學生如何鑑定、為他們規劃什麼課程，以及如何評量他們的成就等問題。雖然視覺藝術鑑定計畫常過度重視最後的最佳作品或表現，但是注意力還是要放在製作和表現的過程；我們應該更重視學生達成最後成果的過程，把它當做學科能力和藝術資優學生鑑定計畫的一部分。雖然所有高能力學生沒能做出最好的作品或表現，但可當作過程和成就的證明，例如從小學和中學階段的檔案資料找出鑑定的參考資料。學生發覺問題的方法和更深層的探究產品製作問題，有些時候可以更明確顯示他們的藝術理解能力優於精確解決問題的能力。

天賦資優、創造力和藝術才能發展

天賦資優、才能發展和創造力三方關係的定義和概念在過去五十年已經被深思熟慮過了（Clark & Zimmerman, 2001a），但是，智力和學術性向仍然在各種領域主宰高能力學生的鑑定程序和課程計畫。對於構成創造力的教育課程要項尚缺乏共識，而且要為所謂的創造力（creativity）發展出操作性的定義是困難的。Sternberg 和 Lubart（1999）將創造力定義為「能製作出既新穎又合適的作品的能力」（p. 3）──是一個被廣泛接受的定義。很多心理學家和教育工作者同意創造力是一個複雜的過程，可以被視為一個包含人、過程、產品和社會文化脈絡等相互關係的系統（Csikszentmihalyi, 1996; D. H. Feldman, 1999; Gardner, 1996; Sternberg, 1999）。根據 Sternberg 的觀點，任何創造性的工作都發生在一個或更多數的領域內，而人、行動或產品不能被視為有創造性，除非經過那個領域（例如視覺藝術）內的一群專家判斷。

雖然許多學者同意：創造性的成就會反映在有用的、新觀念的或新產品的生產上，這些新觀念或新產品需要新的方式去發現問題與解決問題。Csikszentmihalyi（1990, 1996）、D. H. Feldman（1982）以及 Winner 和 Martino（1993）都認為創造力是在一個知識領域內的發明，有創造力的個人徹底改革了那個領域。他們聲稱，從未有任何有才能的孩子足以引起一個知識領域的重新組編。如果這些概念被用於學生的表現，那麼，即使學生能創作出自己或同輩覺得新奇的作品，但能被視作原創的、合適的，而且品質上看起來又不同於成熟藝術家作品的學生作品，仍是極為罕見的。

有些特點與創造力有關聯，那就是藝術家們的構思過程和生產藝術品的過程對於有藝術才能的學生的教育具有顯著意義。發現問題、解決問題、擴散性和聚斂性思考、自我表現，以及適應新情勢的靈活性都是與創造力相關聯的特質（Mumford, Connely, & Baughman, & Marks, 1994;

Runco & Nemiro, 1993）。我們不主張藝術才能卓越的學生應該參與那些被認為是成年藝術家的活動；甚至，藝術專業人員從事的某些過程可建議作為教育性的介入，以利充實那些為藝術資優學生特別規劃的課程。

Csikszentmihalyi（1996）聲稱才能不同於創造力，因為才能是針對天生能力而言，人們卻能在不具顯著才能的情況獲得成功。他解釋：有才能的個人較適合於合乎他們文化所存在的知識領域。在適合於相同興趣和才能的領域裡的成員認為有才能的人就是具有高度能力的人。然而，有創造力的人往往未見容於一個領域，只有在不斷的努力和長時間的表現之後，他們的成就才被了解與肯定。Sternberg（2001）把智慧和創造力區分為：智慧是先前社會所留下的規範，創造力則是反對舊思維而且創立新規範。

Hunsaker 和 Callahan（1995）針對創造力和才能發展之間的關係描述可歸納為三種方式：

1. 資賦優異（giftedness）和才能（talent）可被視為可以區隔的能力。
2. 創造力（creativity）可被視為資賦優異的重要基礎概念。
3. 創造力可被認為是資賦優異的一個種類或類型。

另一觀點則認為資賦優異是個固定的概念，不受教育的影響。但是，天賦和才能發展是積極的概念，且學生可透過教養而發展特別的能力，教育在其中扮演著重要的角色（Feldhusen, 1994）。Feldhusen 的才能發展概念直接關係到學術性的學校教材，學生將如成人般在其生涯中追求才能。

在過去十五年內，視覺藝術教育領域的理論與實務上有了重大轉變，那就是從「兒童中心」的課程轉移到「學科中心」的課程。此一轉變指的是學科本位的藝術教育（discipline-besed art education, DBAE）或稱綜合的藝術教育（comprehensive art education），也就是在所有學生所接受的一般教育中強調藝術教育的重要。以學科為本位的藝術教育與盛行超過四十五年的創造性自我表現式（creative seff-expression）藝術教育的方法有明顯的差別。創造性自我表現式的目標是發展每個學生與生俱來的創造性和表現性的能力，創造力被描述為天生的、自然發展的，不把成年人的

概念強加在學習者的創造性發展上。教師角色在創造性自我表現課程裡，只提供刺激、支援、資源及材料。在 DBAE 的教育理念裡，學生接受的教學是透過環節相連而又必要的課程，此一課程重視學科專業能力訓練，而成年人（教師）則是從各種不同文化脈絡中做好導引學習動機的工作。

　　Khatena（1982）和其他學者聲稱視覺藝術及表演藝術能力與創造力有著密切的關聯性，像一個可預測創造力的結構。最近，Clark 在含括四個不同種族的社區裡測試了超過 1,200 個三年級的學生，發現「克拉克繪畫能力測驗」（Clark's Drawing Abilities Test, CDAT）所得到的描繪能力，以及使用修訂過的拓弄斯創造思考測驗（Torrance Tests of Creative Thinking, TTCT）所測得的創造力，和全州性的成就測驗所測得的成績有高度的相關性（Clark & Zimmerman, 2001b）。Clark 的結論是：此一相關性指出這些繪畫表現能力、創造力及成就等測試，可能被其他因素所影響，例如智力或一般性解決問題能力。Burton、Horowitz 和 Abeles（2000）還發現藝術能力較高的學生在托弄斯測驗上得到較高的分數。

藝術資優學生的特質

　　與藝術資優學生有關聯的特質有：發展良好的描繪技能、高度的認知能力、興趣及學習動機；其他特質包括密集的運用、對文化形式的典型藝術特殊性的認知較早熟、長時間持續大量生產作品、家庭和教師的精心培育，以及有主題性專業化的作品（Pariser, 1997）。這些學生也創造充滿想像力的世界，強烈涉入一個特殊的領域，並且做空間和大自然的描繪實驗（Winner, 1996）。Milbrath（1998）發現有藝術才能的兒童比一般孩子約早一到二年開始描繪，他們展現高度創造力和原創性，對藝術有很深的期許，並且運用比同儕更高格調的不同方式作畫。在研究關於世界級藝術家的過程中，Pariser（1991, 1995）發現這些藝術家在年幼時並未體現傑出的能力，不過，他們確實展現出發明的才能，並且能熱情地、準確地把主題描繪出來。

我們相信寫實描繪景物的能力，只能被視為視覺藝術才能眾多指標中的一種。一些有藝術才能的年輕人專注於物體的寫實描繪，並且受西方空間表現手法的影響；其他的人可能透過主題訴求及變異、幽默、似是而非、雙關語、隱喻等表現手法和濃厚的感情介入，專注於使用藝術去描繪視覺性的故事。大眾文化和那些藝術才能發展的新觀點，則必須針對有藝術才能的學生的需要有計畫地提出來。雖然運用特定媒材的技術可以顯示早熟的才能，但是對另外一些學生而言未必是顯著的指標。

教育的介入、創造力及藝術才能發展

新近研究證實：發現問題和解決問題的技巧是可以傳授的，而學生們的生產性思考和有創造性問題的解決是可以被養成的（Treffinger, Sortore, & Cross, 1993）。藉由鼓勵學生面對挫折時能堅持而負責地持續工作，才能發展可以在一個提供支援、富有彈性和高度智慧型的環境中得到提升。根據 Feldhusen（1992）的說法，當學生企圖解決問題時，他們可以被教導去發現、明晰問題和運用適當的技巧，也可以被教導去監控自己的學習、尋找以及測試可供選擇的解答。

學生的創造力也可以透過平衡世代的新觀念、批判思考能力以及將理論運用於實務的教學策略而得到開發（Sternberg & Williams, 1996）。D. H. Feldman（1980）研究包括藝術在內的許多不同領域的天才兒童之後，確信所有學習的進步是密集和延長教學成果。指導高能力學生的成功教師對於所教的教材擁有淵博的知識，能有效地傳達教學內容，並且能選擇引導學生面對挑戰、提升成就的重要學習經驗。因此，為了發展藝術才能和創造性，藝術教師要對有藝術才能之學生的需求有敏感性，並超越教學技術的限制去鼓勵獨立思考、自發性和獨創性。雖然有藝術才能的學生常表現出這些行為特質，但是這些特質在教室裡通常不被鼓勵。

教育學者曾建議許多有助於學生發揮創造力和發展才能的策略，其內容如下：

1. 練習發現問題和解決問題。
2. 使用不熟悉的材料以誘發較具原創性的思考，進而導引新的想法。
3. 體驗聚斂性思考的（結構性的）和擴散性思考的（非結構性的）工作任務。
4. 使用依賴視覺和語文的材料。
5. 讓學生置身於不預設成效、不限制成果的開放性課程。
6. 讓學生隨個人的興趣發揮，並在群體中獨立工作。
7. 選擇有助於個人才能發展和發揮創造力的環境。
8. 接受範圍廣泛的任務以加強和提高才能的展現。（Csikszentmihalyi, 1996; Feldhusen, 1995; Mumford et al., 1994; Runco, 1993; Runco & Nemiro, 1993; Starko, 2001; Sternberg & Williams, 1996）

另外，Csikszentmihalyi（1996）建議有才能的學生應置身且涉及幼時就感興趣的領域，縱使那不是他們成年後會去追求的事物。這樣的學生可能對很多領域感興趣；不過，這種廣泛興趣通常未受到學校的鼓勵。

從西方人的角度來看，創造性被定義為一種特別的文化脈絡內既新穎又合適的一種產出的終極點，而發現問題和解決問題所倡議的是與商品導向之文化脈絡相調和的策略。因此，創造性更可能在新的想法較不費時間即能被傳播和接受的一個社會裡發生（Lubart, 1999; Sternberg & Lubart, 1999）；例如，在很多東方文化裡，協同研究、合作經營、從眾效應和承襲傳統顯得比用新穎的方式解決問題和環境狀況更為有價值。

在這後現代主義的時代，已經能接受資源再生物件用來做藝術創作的概念（Efland, Freedman, & Stuhr, 1996）。如果創造力只被定義在一個特殊文化中之新穎的或原創的產出上，那麼連帶地，當代關於創造性和藝術才能發展的概念可能需要被重新考慮。Peat（2000）建議「更新和復興已被習慣性地接受」的現象可以被作為一種有創造性的行為，而革新和迅速的變化會使傳統的社會瓦解。

關於藝術才能發展的概念和誤解

縱使資賦優異、創造力和藝術才能發展等名詞被闡明和界定的目的是為了鑑定藝術才能、課程開發和評量，然而一些有關藝術才能發展和藝術資優學生刻板印象的觀念、誤解和迷思依然存在。讓這些錯誤的觀念和誤解公諸於眾是重要的，因此藝術資優學生的特質和能力都與鑑定、教學、提供課程、服務，和適合他們的教育需要有關而被納為本節所考慮的問題。

很多人相信藝術資優學生的藝術品容易在教室上課時被認出來，不過，事實證明很多學生的才能只在校外的活動被發覺，而且教師經常沒有意識到那些學生在那種情境下所創造的豐富視覺表現（Clark, 1984; Wilson & Wilson, 1976）。很多學生，特別是青少年，掩蓋了他們的藝術才能，因為那樣的才能被誤解，或被教師和其他學生視為怪異表現。雖然這種標籤化行為的顯著困境已經被注意到，可是在課堂上順從教師、符合教師預期而且表現良好的學生，經常被判斷為有才能（Guskin, Zimmerman, Okola, & Peng, 1986）。Gallagher（1985）聲稱很多資優兒童未被認出，因為他們的學校表現不符合教師的預期。很多兒童只在課外活動中展現優越的能力，因為在那兒展現才能比在學校正規教室更能得到滿意的回應，又較少被脅迫（Fine, 1970）。

另一種常見的誤解是：中等以上的智力不是藝術資優學生的必要條件。一些知名的教育工作者已經聲稱智力測驗無法測出藝術上的天賦（Sternberg, 1986; Winner, 1996）。當學校安置智力較低的學生在藝術班級，並認為這樣的兒童雖然可能無法在其他學科上獲得成功，卻可在藝術方面獲得成就時，上述的信念更被強化了。有一傷害更大的措施是認為這樣的班級對學科能力出眾之學生的未來需求毫無幫助，因而提議他們離開藝術班級。

武斷地將智力的表現和藝術的表現互相隔離的觀點，已被質疑多年。1936 年，Tiebout 和 Meier 多年研究的結論：藝術潛力和一般成就都明顯依賴智慧能力。有些研究者則已確認智能和藝術之間確實存在著關聯性（Eisner, 1994; Ziegfeld, 1961），而且學科能力出眾的學生在藝術方面也可能有天份（Schubert, 1973; Vernon, Adamson, & Vernon, 1977）。雖然並非全部學科能力出眾的學生都具有藝術才能，但他們通常具備能力獲取創作優良藝術品所需的高度技術和技巧（Luca & Allen, 1974; Schubert, 1973）。

　　成年藝術家在美國常被諷刺為被社會拋棄、不適應環境、不守成規或性喜孤獨的人，雖然這些諷刺往往是錯誤的，但藝術才能出眾的孩子也因為經常受成年人作同樣的諷刺而感到難過。也因此，天才兒童被刻板地認定具有社會上適應不良、生理發育不成熟，或情緒不穩定的特性。許多研究已經顯示資優學生會成為社會關係良好、智慧聰穎的領導人，在生理發展方面優於同儕，且情緒調適能力很好（B. Clark, 1979; Guskin et al., 1986; Terman & Oden, 1947; Tuttle & Becker, 1980）。對於藝術資優兒童與社會脫節的刻板印象已被反駁，並證實資優兒童常被優先選擇為較喜歡的同伴，並且有良好的社會接觸和人際關係（Gallagher & Gallagher, 1994）。

　　另一個主要的誤解是天才學生不需要教學，或者說藝術教學將損其有創造性的自我表現；相關的陳述如：「藝術無法被教導的……藝術家是天生的」（Viola, 1942, p. 35）、「讓孩子做他們喜歡的，他們的創造力應該是完全不受約束的」（Fritz, 1930, p. 22），還有「所有的嚴謹又刻板的計畫……那經驗很可能是令他們失望又感到挫折」（Brittain, 1961, p. 283），這些陳述導致教師相信天資聰穎的孩子不應該被教導，才能的成長只是自然發展成熟的結果，或說他們能靠自己達成一切。因此，他們相信資優學生的課程不用計畫，通常可以有效運用的藝術材料已足以滿足他們的需要。

　　關於智力高和藝術才華出眾之學生的相關研究已經顯示：教學指導對資優能力的發展是不可或缺的（D. H. Feldman, 1979; Robinson, Roedell, &

Jackson, 1979; Zimmerman, 1995）。藝術方面的才能必須被鼓勵、練習和實際運用，使其茁壯、繁盛，而且資優學生需要不同於一般的作業、時間表和教學指引。那些認為每個孩子都具有相等的才華或認為只有少數人的才能是與生俱來的人，存有成見地反對視覺藝術教育，並引導一些不利於資優學生實際需要的計畫（Zimmerman, 1997e）。存有這些誤解的教師相信孩子們都有創造力，或認為每個孩子都能畫圖，因此，他們也導致孩子說：「我畫不出一條直線。」或「我無法畫出任何像樣的東西。」

在藝術才能觀念上的新面貌

　　智力是一個相當普遍的概念，它是依據測驗分數或教師指定作業鑑定其優劣。智力在眾人之中也被認為是常態分配的：有些學生得到低的分數，大多數學生得到中等分數，而有些學生得到高的分數。因此，智力在高低分之間存在很多誤差。資優者或才能優異者常被描述為得分顯著高於平均分數。研究顯示：在倚賴社會規範和文化闡述題材的影響下，藝術才能通常呈現常態分配狀態。可靠而又有效的工具（例如克拉克繪畫能力測驗）已經證明學生有著「低劣」、「中等」或「卓越」的藝術才能（Clark, 1984）。因此，每個人都可以被認為具備藝術才能；其中一些人具有少量藝術能力，一些人具有中等能力，另一些人具有高水平的藝術能力。

　　藝術教育工作者、班級教師、研究人員和理論家都曾經討論過藝術資優兒童，他們的結論經常互相矛盾。每個孩子都各自發展他們的繪畫風格，但是，有些孩子會發展一種內容豐富、品質較高的風格；一些研究人員指出在不同水平的學生之間有著程度上的差異，而非種類的不同（Lark-Horovitz, Lewis, & Luca, 1967; Lark-Horovitz & Norton, 1960; Meier, 1939）。其他有助於了解藝術才能常態分配狀態的資料曾發表於國家教育進展評鑑（National Assessment of Educational Progress, 1977, 1981）和國家教育統計中心（National Center for Educational Statistics, 1998）的報告；上述這些研究評量學生的技術和能力，產生了從樸質到成熟之間有等

級之分的解釋法。兒童和大人無所謂認知上的能或不能，他們也無所謂有才能或者沒有才能，他們的能力經過測量所得的等級，其分布範圍從最小值到平均值到最高值。孩子們都以類似的模式擁有藝術才能；每個孩子所擁有的才能高低將明顯限制他或她在藝術相關工作的學習和表現。

我們已經概略地為這些擁有不同階段藝術能力的學生擬出一般教學課程內容的輪廓，包含理解藝術家、藝術史學家、藝術批評家和美學家的作品（Clark & Zimmerman, 1978b）。這個模型可用來建立一個有組織的架構，用以報告研究需求、報告完整的研究，並界定常態分布的藝術才能。假如用這個由樸質到成熟的階段模式圖疊加在常態分配圖上，標準差可被視為它與視覺藝術才能的發展階段呈現平行的狀態（參閱第五章關於這個模型的詳細描述）。此一分布圖是重要的，因為它暗示藝術教育研究人員可以明確地把作品或其他測量依據樸質到成熟的各類群加以分類，然後我們運用可預估的高低分之間的誤差衡量藝術才能的常態分配。這就建立了一個鑑定藝術才能學生的新模型。

 ## 結論和建議

在民主社會裡，用以支撐追求卓越和公平原則兩者之間相互對抗所形成的活潑、緊張狀態的政策是有其必要研訂的。在藝術教育方面，妥善應對追求卓越和公平原則之間的平衡要求，學生、父母、教師、行政者和社區成員都需要對此一行動負起責任；他們需要追求卓越並要求符合公平原則，同時也要探究許多不同的觀點。課程和評量應該逐漸建立標準，以符合所有學生的需要，並足以挑戰藝術才能資優的學生的需要。資優課程標準承蒙全國資優兒童協會（Landrum, Callahan, & Shaklee, 2001）支援提供課程效力評量、課程標準評量、課程發展方針，以及優質資優課程基本要求的建議。也應該提供經濟貧困的學生和來自完全不同背景的學生接受視覺藝術教育的機會，協助他們排除障礙，並使他們都有機會在藝術方面

獲得成就。除了使全部學生達成各年級的成績水準之外，根據最小要求的標準，學校應該為全部學生提供最優質和公平的教育，因此，沒有學生會被放棄或疏於照顧。

全民都該為建立有意義的目標和藝術教育的價值而努力。我們所堅持的一件事就是全部學校都該教藝術，另一件事就是他們該了解教些什麼和為什麼該教這些，而且都該設定明確目標與目的。學生、教師、父母、行政人員和社區委員全部應該了解怎樣在他們的學校教藝術，並且辨識本社區與其他社區之間教學的差異。他們要決定什麼目標和價值對於取得公平和極好藝術教育計畫（所有學生，包括藝術資優學生都受到最佳的照顧）而言是最重要的。

研究方面應該進行評價課程選擇的效力，例如不同能力的混合編班、能力分班，以及為有藝術才能學生所設的速進班。大學和學院、私人的、聯邦的、州的各級機構都要鼓勵支援大規模研究，研究計畫提出的藝術育議題有藝術內容和計畫機會包括規模大小、目的、設計、選擇、課程、資金，以及所提供的藝術相關的經驗。課程設計者需要建立清晰的理論基礎，符合包括學科和藝術才能的學生，並且品質優又不同於一般學校所提供的教學。為藝術才能學生發展豐富的計畫的重要性不能被低估。很顯然地，學生需要為新訊息時代做準備。學生將來可能成為藝術家，在快速變遷的世界裡應該要準備好創造性地思考，並發展合適的技能和能力。作為未來的領導人，也有需要準備好成為藝術鑑賞者和消費者，其將在他們的地方社區裡和社區以外的地方扮演藝術決策者的角色。

以下就是我們在綜合性的教育計畫中，為了培養高能力學生的藝術才能所提出的建議。

建議 1 應該提供學生不一樣的課程以整合藝術和學科領域。科學方面的高成就學生需要經由設備良好、新型態的實驗室，才能探索有關於類似當代科學家所研究的一些問題。同樣地，有藝術才能的學生需要透過一些類似藝術家們解決當前視覺藝術問題的工作室和其他地點的空間和設備。

建議 2　藝術應該納為全面性資優教育計畫的一部分。每位學生都應將藝術視為必要的教育項目；不同的學生需要不同的教育課程計畫。學校應該將藝術納作全面教育計畫的部分，提供全體學生最好和最公平的機會來學習藝術。了解藝術在社會和文化裡所扮演的角色，對於學生充分理解世界各民族是極其重要的。

建議 3　父母、教師和行政人員需要接受教導，以了解資優教育計畫的教育內容。學校經常鼓勵學科能力和藝術領域強的學生顧前思後，慎選藝術課程作為課餘精通的才能。行政領導者應該提供經費支援各類才能資優領域的高能力學生的教育。

建議 4　教導學科資優和藝術資優學生的教師應該在擬訂教學計畫過程中互相溝通與合作。藝術和學科領域之間的關係需要整合，並避免藝術淪為學科教學計畫的附庸。

建議 5　需要發展將藝術納入綜合教學計畫的資源和教學策略。假如藝術成為資優教學計畫中不可或缺的部分，教學策略必須將藝術統整於計畫中，而且要適合於學生個人的學習風格和文化背景。資優教學教師應該致力於如何以最好的方式教育學生，以使藝術在整個國家的資優計畫裡成功地表現教育公平和追求卓越雙方面。

建議 6　關於創造力、天賦、才能以及其交互關係始終缺乏一致性的看法。就我們的角度而論，最合適的看法是才能發展和創造力觀點取決於它們在教育措施和教育介入後的反應。在視覺藝術教育方面，已經從創造性的自我表現轉移到綜合性藝術教育，其中創造力和才能發展與藝術的世界和藝術家的工作有關。同時也涉及藝術才能發展、創造力和學術成就之間相互關聯的證據。

建議 7 從事研究美術資優學生的人士已經提出證據和抗衡主張來對抗常見的美術才能的錯誤觀念。我們提出「從樸質到精練的連續論」（naive to sophisticated continuum），強調學習成就常態分配與藝術才能常態分配兩者平行的論述。在此一新建構的觀念裡，每個人都具有才能，只是在程度方面有差異。此一才能新概念的意涵是暗示我們應該建立教學實務與課程設計以導引新的機會，提供給程度不同的所有學生，包括在視覺藝術方面能力最卓越的學生。

⊂♂圖 1.2　印第安那大學夏令藝術學院的六年級學生以粉彩
　　　　筆描繪另一位學生，所描繪的是有關成長與重新
　　　　開始的個人感覺

學生的鑑定

cx 圖 2.1　印第安那大學夏令藝術學院學生認真參與繪畫活動的情景

在 Chaim Potok 的書《我的名字叫阿瑟列弗》（*My Name is Asher Lev*, 1992）的近開頭處，其內容的最大特色是說明他終生沉迷於圖像創作的緣由。接著，他描述自己難以壓抑的圖像創作需求，以及他在家族聖經裡畫圖並污損了那本聖經的故事。雖然故事情節出於虛構，但是遍及全國的許多年輕人都分享了他沉迷於繪畫的樂趣，並熱切渴望創作表情豐富的圖像。遺憾的是，大多數的這些年輕人沒受到支持，也沒人教導他們去了解自己的能力；其中，甚至有許多藝術資優者並不了解自己擁有卓越的藝術才華。在本章內容中，我們探討如何鑑定美術資優學生的才能，並提供實際應用情形。首先，我們將介紹一系列當前的議題，這些議題都與本章主題有關；其次，我們描述這些議題的細節，並介紹當前實務；最後，我們將引出一系列有關美術資優學生鑑定的研究建議。

鑑別美術資優學生的相關議題

我們之所以關心美術資優學生的鑑定問題是基於我們擔任教師多年的經驗，以及我們誠心奉獻於改善他們的教育。自從我們共同撰寫《藝術資優學生的教育》（*Educating Artistically Talented Students*, 1984）和《藝術資優學生的教育資源》（*Resources for Educating Artistically Talented Students*, 1987）兩本書後，更增強了我們對美術資優學生教育問題的研究興趣。當前，許多撰書者已經寫過藝術資優學生的定義、內涵描述、篩選、鑑定，和他們發展課程等問題。我們在這兒將討論兩組議題：(1) 視覺藝術才能的定義；(2) 美術資優學生的鑑定。

視覺藝術才能的定義

「資賦優異」（gifted）或「才能優異」（talented）的名詞界定並未被普遍接受。就如第一章所討論的，資賦優異所指的是學生擁有卓越的

智能，但才能優異則意指學生擁有單一科目的卓越能力，包括數學、語言、科學或純藝術。在某些背景因素的影響下，「資賦優異和才能優異」（gifted and talented）這個名詞已被「才能發展」（talent development）所取代，它強調的是發展才能的過程，而不是與生俱來的天賦（Feldhusen, 1994, 1995）。

在預先審閱一份有關藝術資優才能鑑別過程和工具的研究資料裡，有一位作者指出視覺藝術才能是值得擁有的，但鑑定學生有無天份的標準尚未被完全認同，尤其是來自經濟狀況不佳或弱勢族群家庭的學生（Richert, 1987）。才能優異這個名詞被藝術教師運用時，通常指的是在藝術這個特殊領域中具有高能力的學生。然而，因為對於這類特殊計畫的鑑定建議都有其他見仁見智的特性，以至於僅少數人同意在視覺或表演藝術的卓越才能的界定。當前的撰文者已經由單方面的鑑別轉向贊同多元標準的鑑定實務。許多學校已經先避開具體指明課程的內容及目標，然後只選擇適合他們課程的學生。

以附帶研究的樣本去鑑別藝術資優學生，對於才能的準確界定是有可能的嗎？我們察覺到這樣的定義可以擔保有關學生能力的有意義的討論及爭論。我們也察覺到視覺藝術才能已經在很多方面被證明，像是在視覺藝術中的媒材、過程、潛力、表現、作品、創作表現、問題解決技巧、創作類似大人作品的能力或個人的特質和價值觀。事實上，Weitz（1961）提出用開放式的視覺藝術鑑定來歸結一個固定不變的評鑑標準是不可能的，因為對所有藝術作品來說，沒有一種合乎所有必要的、充分的藝術品特性的準確陳述。Weitz 認為，教師用心去了解一些有關如何教學的建議和理論，應該比去追求精確的鑑別來得重要。我們認為一個用於學校課程來鑑定學生的視覺藝術才能的最終定義是不可能的，甚至是無法使人滿意的。

文化

Feldman 和 Goldsmith（1986a, 1986b）寫了一些有關兒童在多種學科

具有天賦的研究案例，裡頭強調「文化的重要性隨著不同時代、不同領域的支配而變更」（1986a, pp. 13-14）。我們要考慮的是一種文化裡的才能，這種才能不可能以另一種文化的觀點去評價。藝術資優學生要依據「在他們文化裡能有效傳遞的教育」而定。Feldman 和 Goldsmith 聲稱，潛在才能沒有使用有效的符號系統和賦予此一系統價值的領域（domain）是無法發展的。唯有被文化所重視的那些學門（areas），才能有效地去發展有組織的符號系統和能被傳達給藝術資優學生和其他人的領域。因此，一個學生只能在一個文化價值中被認定他具有某些學門的才能。

學生特質

有關具藝術才能的學生之特質的論斷，有許多種不同的說法及矛盾對立之處。研究者在不同的時代、背景下工作，因此他們用不同方式做區分，導致具藝術才能的學生有許多不同種的分類法，分成不同的類型。雖然查驗藝術作品是判斷學生是否有藝術才能的普遍方式，但是藉由觀察學生創作行為來明示創作藝術品的特質也是可行的方法。對於研究具藝術才能學生的特徵，我們分析了超過七十五年以上的主張並按照可被觀察的藝術創作、學生特質兩種特徵分群。Hurwitz 和 Day（2001）參照工作的積極投入和認知的、藝術的、創意的特質當作定義藝術智能（artistic intelligence）的方式。Pariser（1997）舉出其他的特徵，包括熱切的創作慾望、反應文化價值的早熟描繪圖像能力、有大量的創作品、有老師和家人的支持，而且創作品是主題導向的。顯而易見的是，我們能用許多方式描述具藝術才能學生的特質，並將他們分類，然而，卻沒有單一組特徵足以充分描述藝術才能。

創造力

如同我們在第一章所提到的，「創造力」這個概念很少被界定。有關

高能力學生的教育方面有許多創造力的定義；定義中，許多寫法是關於人格特質方面的描述而不是以研究結果為依據。的確，沒有適當的創造力定義能用單一測驗去測量。「具創意的」（creative）這個詞彙在語言中的使用十分普遍，通常是用來描述學生能重新安排、整合多種目標和構想於新的模式，儘管這些描述往往是常態發展過程的證明。在視覺藝術方面，年輕的學生們能用「X 光透視法」（同時展現外觀和內容物）或多點透視法也常被視為是有創意的，其實，他們只是證明了他們正常地通過繪畫發展的象徵階段。研究學者和教育學者已經制定的「創造力」定義，不是概念性的（提出定義）就是操作性的（提出過程）去說明其價值。概念性的定義在於描述創造性過程有別於「有創意的產品」。Torrance（1963）主張創造力是：「感覺分歧的過程或必要的元素；構想或假說的形成與他們有關聯，用創造力去測試這些假說；以及用創造力傳達結果。」（p. 90）Gallagher（1985）寫道：「創意是心智運作的過程，個人在此一過程裡創造新的點子或是作品，或是用他或她自己的方式將已存在的點子和作品重新結合成更新穎的東西。」（p. 303）這些觀點和其他的定義要求創意過程或產品要比以前品質更好，而且要適合於一個已經產生的解決方式。

有些研究者質疑用創造力測量法去鑑別學生的資優和才能優異。Renzulli（1982）主張測驗時的創意實作表現，可能跟人們日常的生活、工作只有少許關聯或是完全沒有關聯。根據許多作者的觀點，創造力測驗中拿高分，其價值是可疑、缺乏效度的，而且和學校中的實作測驗（包括藝術科裡的實作表現）一點關聯都沒有。

技巧、認知能力和情感的表達能力

有些作者主張鑑定視覺藝術才能的過程可能有兩個可分別使用的指標：(1) 當學生表現出高程度的繪畫能力時；(2) 當學生有原創性的構想、發明、創新藝術作品時。另一種指標發生於學生將良好的素描能力與高程度認知能力作結合時。Stalker（1981）的觀點包含認知的複雜性（證

明許多問題的解決)、展現繪畫的能力(高超的繪畫技巧)、感情的強度(情緒反應與判斷的能力),用這些來當作她對視覺藝術才能中的部分定義。Jellen 和 Verduin(1986)沒有描述定義的問題,但暗示資優和才能優異者應該具有認知的(智力╱想像)、情感的(移情╱敏感度)、隱含的(興趣╱動機)等方面的強度數。這些似乎和 Renzulli、Reis 和 Smith(1981)所提到智力、創造力和工作的積極投入等因素比較相似。

即使這些架構中的任何一個被接受作為視覺藝術才能的定義,許多問題仍然存在。Gardner(1989)指出:「有許多個別發展的事蹟支配理解、迴響、客觀判斷的技巧……理解的、生產的和批評技巧轉變成複雜的工作許諾。」(p. 160)根據 Gardner 所言,任何一種技巧的發展,都能分別各自進行,它們不可能出現於同階層、同時代。

潛能和過程對照表現和產品

過去,在資優教育的研究與實務運作中,以任一領域中明確展現的卓越能力作為唯一的鑑定方式一直有爭議。那些實務上的批評引發許多撰文者指控這種鑑定方式是精英主義、缺乏公平性。然而,今日許多為藝術資優學生設置的課程仍建立在藝術資優是以創造優秀作品及具備優秀表現能力的基礎上,這樣的課程會以工作室的檔案搭配其他的鑑定方式作為接納學生的依據,優越的能力顯然是衡量的重要依據。相反地,有些藝術教育工作者則排除這些方式,而是對學生的興趣、參與的熱忱和潛能表達了關切,甚至有些課程為美術資優教育學生提供了「優先到達,優先服務」(first-come, first-served)的課程策略。

雖然美術資優的定義通常還是著重在最終的優秀作品,但許多學者仍強調觀察傑出作品製作過程的重要。對於美術資優的鑑定,他們主張學生在選擇和追求創作的過程比起最終的優秀作品還要重要。描寫世界萬物的能力是過去鑑定視覺藝術資優可被信賴的指標;似是而非的理論、雙關語、隱喻等的使用,以及深刻情感的融入也是一些可作為指標的能力。其

他學者也強調使用過程檔案去評估學習成效。Getzels 和 Csikszentmihalyi（1976）研究藝術學院的學生，並於結論中指出他們對作品問題的發現、想像和探究方法，比起他們解決問題的能力更能展現出優異的表現。

智能（intelligence）普遍被視為單一的、可測量的特徵，直到 1980 年代，才有研究者挑戰智能是單一建構測驗的普遍概念。Gardner（1983）假定七種智能的存在：語言、邏輯—數理、音樂、空間、肢體動覺、人際和內省。Sternberg（1985）則描述高等智能的面向包括在高層次裡思考、有效處理訊息、頓悟、解決問題，以及使用有效的後設認知過程（efficient metacognitive processes）等能力。Sternberg 的能力觀點與一般智能相關，而 Gardner 的智能理論則與個別的能力有關。

在不同的藝術領域裡，成功需要很多不一樣的行為和能力；素描或彩繪能力出眾的學生所具有的敏銳情感不同於那些善於三度空間藝術的學生。在平面（二度空間）的視覺藝術裡，也有同樣的情形，例如攝影師、版畫家或政治漫畫家都分別具有他們特有的敏銳情感和能力。在藝術領域獲致成功所需要的智能無法被界定為只是單一特性的智能，因為藝術智能猶如包含多元面向的知識（ Hurwitz & Day, 2001 ）。

分配

沒有一個視覺藝術資賦優異議題的討論承認他們能提出完整的世界人口才能分布狀況。許多人曾經爭論過所有學生和成人的美術才能是常態分布的說法。在 1977 年和 1981 年的國家教育進展評鑑（National Aessessment of Educational Progress）與 1998 年的國家教育統計中心（National Center for Educational Statistics），發表了以 9 歲、13 歲、17 歲學生為全國性樣本的美術能力常態分配的測驗結果。由於視覺藝術才能常態分配的概念被專業承認，可能已經導引出新的、很不一樣的鑑定標準和鑑定程序，以及更為開放的資優才能定義。

視覺藝術才能

一些研究者努力研究著鑑定資賦優異學生的依據，例如 IQ 測驗發展的先驅 Binet 和 Terman。經過長時間的發展，智能的概念被擴展為包含其他種類的能力與技術，依賴標準化測驗為唯一鑑定基準的鑑定模式受到了嚴重的挑戰。顯然地，很難設計出單一的測驗鑑定領導才能或視覺與表演藝術的能力——即使這些在州立及聯邦立法中已被認定為資優的類型。其他可以使用來預測美術資優的測量基準的資料，如學生背景、年齡、個人特質、生活史和價值觀等等。

測驗

以州的層級而言，在 1990 年，大約有二十三個為地區性設計的視覺藝術成就測驗以供使用（Sabol, 1994）。許多原本企圖發展為在一個州內使用的標準化測驗，結果變成著重測驗其他領域之基本能力的測驗。Hausman（1994）提出警告，指出這些州內使用的測驗「過度強調……形式與現實的方法……那些只提供他們簡答和多重選擇題、由機器來計分的項目」（p. 38）。

關於智能測驗、創造力測驗及成就測驗等視覺藝術才能鑑定測驗之間的關係，有一些常見的誤解。其中之一是藝術的傑出表現不需要具備中等以上的智力——縱使智能和藝術才能的區隔已經被質疑多年。近年來並未繼續進行智能與藝術才能之間的關係的研究，某種程度上是因為 IQ 測驗受到許多專家學者及研究者的質疑（Feldhusen & Hoover, 1986; Gardner, 1983; Sternberg, 1985; Treffinger & Renzulli, 1986）。儘管面對這樣的挑戰，其他的教育學者及研究者仍繼續提倡使用 IQ 測驗及成就測驗來鑑定資優學生的能力——雖然總是與其他的評量測驗產生連結（Borland, 1986; Kaufman & Harrison, 1986; Shore, 1987）。在 1970 年代，許多研究者實驗證明高智能的學生同時也具有卓越的藝術能力（雖然並非所有高

智能的學生都擁有藝術天份），而且許多有傑出藝術才能的學生也都具有很高的智能（Luca & Allen, 1974; Schubert, 1973; Vernon, Adamson, & Vernon, 1977）。高智能已經被主張是傑出美術表現所需的高階技術及技巧（Luca & Allen, 1974; Schubert, 1973）。

許多研究者已經發展出創造力的測驗，而且創造力在高能力學生的教育中，變成了高能力學生的代名詞。起初，創造力的測驗被用來評量一般普遍性之解決多樣問題的能力，然後一些學者發展出幫助鑑定美術資優學生創造力的工具。然而，值得注意的是，Torrance（1972）提出科學、文學或醫學的創造性成就比商業、音樂或是視覺藝術上的更容易被預測出來。

標準化的工具已經被開發，並且常使用於測量在教育上有關閱讀、數學、社會研究、語言藝術和科學的教學成效。它們在近年來並未被應用於發展視覺藝術教育，因為在大部分的學校中，藝術教育並未被大多數的學校視為基礎學科。克拉克繪畫能力測驗則是例外，其在各種不同教育背景中被呈現得既可靠又有效（Clark, 1984, 1993）。即使有標準化藝術測驗的存在，然而，它們單獨用於鑑定美術才能的效用是可受質疑的。研究已證實在美術資優學生的鑑定中，像是學習動機、工作熱忱、魄力、堅持和自信這些因素有其重要性，而且這些因素在成人成就方面扮演的角色比測驗分數更重要。

背景、個性與價值觀

鑑定不同族群中的美術資優學生的議題，受到許多的研究學者及教育家普遍的關注。來自各式各樣不同背景的學生——特別是少數族群和低社經團體，通常在教育機會的鑑定計畫中較不具代表性。所有學生的差異在於他們的興趣、學習型態、學習效率、動機、個人特質和工作習慣的不同，如同他們的種族特質、性別、經濟背景和社會階級也不同；然而這些特徵通常在學校的學科或美術課程的鑑定計畫當中被忽略。

其他研究學者已使用生活史的資訊來預測美術天賦、學業成就或領導能力。這種傳記式的手法與傳統鑑定工具相比，並非文化上或種族上的偏見。另一部分的研究學者企圖發展一套鑑定特殊族群與文化團體的美術才能的工具，但這項研究在這種測量工具可以有效且公平的被普遍使用上，需要更進一步的發展。

年齡

在提倡資優教育關於年齡及適當的正規鑑定程序使用上，長久以來始終爭辯不休，這個課題並未被藝術教育學者深入討論或做理論上的發展。Winter（1987）主張藝術才能可在幼童身上展現，並且可在早期被認定。其他學者，如 Walters 和 Gardner（1984）都主張比起視覺藝術的才能，音樂及數學方面的才能都在較早的年齡階段就顯露出來。另外，還有一些學者指出：不同學生會在不同的年齡或年級中顯露出美術才能（Bloom, 1985; Khatena, 1989）。就這個觀點來說，少數決定性的答案用於引導訂定鑑定美術資優學生的適當年齡。年齡在美術才能的發展上，留下一個重要而未解決的議題。

多元標準

如果所有的美術資優學生都明顯的表現出其對於美術方面的特殊才能、興趣和專注，那麼為了特殊的美術課程而鑑定他們，將會是簡單且有利的；但事實並非如此。在所有高等能力之學生的鑑定計畫上，許多當前的教育學者都支持採用多元的評判標準。一個使用多元評判標準的正當理由是體認學生的需要，以及配合課程目的和內容適切地選擇學生。多元的評判標準系統應當包含各式各樣測量學生能力、背景、行為、興趣、技巧、成就和價值觀等多方面的評判標準，因學生不同、年齡不同，以及背景不同，而做最理想的各種不同種類的任務安排。人們現在提倡使用透過

實際生活表現情形，配合整合、綜合和富挑戰性任務的鑑定工具，鼓勵更高層次的思考技巧和成就的表現。

兒童的繪畫作品和克拉克繪畫能力測驗就是美術才能的測驗工具

　　對於課程設計者和行政管理者而言，鑑定藝術資優學生的最大難題之一就是資優神話一直存在，或沒有足夠的研究和實務方面的知識。資優才能並不單純是不需教導與不需學習的天份或自然生成的才能。根據 D. H. Feldman（1980）的觀點，資優年輕人的能力「沒經過密集的、延長的教育協助是無法取得的」（p. 125）；他強調藝術相關能力得以發展的決定性因素是教育和學習的投注。

　　然而，從 1800 年代開始，對於以兒童繪畫能力當作測量藝術能力工具的策略，眾多藝術教育學者和其他學者之中已經有人表達他們探討這個問題的熱忱（Clark, 1987）。在倫敦，Ebenezer Cooke（1885）出版兒童繪畫能力的分析，影響了教師和後續研究者。另外一位義大利早期作家 Carrado Ricci（1887），因為到車站躲雨而開始著迷於兒童在車站的塗鴉畫作；他記錄車站的牆上圖畫，並區分高、中、低不同等級作品的特色。透過這個經驗，他出版了《兒童的藝術》〔*L' Art dei Bambini*（The Art of Children）〕；在書中，他依據對 1,350 件畫作和二十件泥塑的分析，探討兒童繪畫發展，因此嘗試發展出一個測驗去測量兒童繪畫能力，以了解兒童的性向和成就。

兒童素描作品的研究

　　Dale Harris（1963）將兒童繪畫的研究分為三個發展期：

1. 1885 年至 1920 年，描述調查研究期，1890 年至 1910 年間為最盛期。

2. 1926 年至 1940 年，比較繪畫能力、智能與其他能力之實驗性的與相關性的研究。

3. 1940 年至 1963 年，心理學的、性格投射的研究，其著重於內容和「提供建構很多兒童的繪畫能力可觀察現象的基礎」。(p. 11)

早期的撰文者 Ayer（1916）和 Manuel（1919）曾描述幾個應用於兒童繪畫研究的方法。他們指出蒐集和研究兒童畫已經從客觀方法進入主觀方法。

客觀的方法包括：

1. 大量繪畫作品的蒐集法，不分青紅皂白的大量蒐集繪畫作品。

2. 特殊作品蒐集法，要求學生創作特殊主題的相關作品。

3. 作品比較法，以群體作品的蒐集和比較為基礎。可要求或不要求群體作品或特殊作品與作業。

主觀的方法包括：

1. 分析單一主題或生平研究法，此一方法以單一題材或限制題組的繪畫，跨越能力發展階段。

2. 實驗研究法，採取一幅畫作或多幅畫作的控制實驗研究繪畫作品。

從 1900 年至 1920 年，在西歐國家所發表的兒童繪畫研究案超過五十個。在德國，Kerschensteiner（1905）蒐集超過 52,000 件兒童的繪畫，設計成一本書和圖片樣本。在美國，Thorndike（1916）、Whipple（1919）與 Manuel（1919）都引導大量的兒童繪畫發展研究，同時也都著重於描述心理測定學（psychometrics）與測驗。

克拉克繪畫能力測驗

早期的藝術測驗缺乏像學科測驗所建立的標準化測驗的製作機構。有些標準化美術測驗〔梅耶美術測驗（Meier Art Tests）、洪恩美術性向測驗

（Horn Art Aptitude Inventory），以及葛拉弗設計圖形判斷測驗（Graves Design Judgment Test）〕製作於 1920 年代至 1960 年代之間，有些則是到了 1950 年代至 1970 年代重新出版，被再刷好幾次的 Buros《心理測量年鑑》（*Mental Measurements Yearbooks*），批評為過時的測驗，已失去驗證它們原先測驗假設的作用，因此無法有效充當診斷用的成就測驗（Clark, 1987）。值得注意的是，這些測驗都不是用於診斷繪畫能力，且有好幾個還在使用中。從 1966 年至 1985 年，大約還有一打美術測驗尚在使用中，其中有半數是繪畫能力測驗，這些測驗中只有 Silver 繪畫測驗（Silver Drawing Test, 1983）是標準化測驗；然而，它是用來檢驗能力不佳者，而不是用於鑑定藝術資優的學生。除了克拉克繪畫能力測驗之外，我們不曉得當前還有哪個測驗能有效應用於美術資優學生的鑑定。

在 1983 年，Gilbert Clark 獲得一筆經費贊助而發展一套用於驗證在學學生視覺藝術相關能力呈現常態分布假設的工具。在密集調查研究美術教育所使用的才能（talent）和才能優異（talented）名詞，以及美術資優教育文獻和過去用於鑑定高能力美術學生的許多工具和量表的概念分析之後，他決定依據先前大量的範例將此一測驗工具設限於少數特定繪畫測驗項目（Clark, 1989）。

其中一個理由是繪畫已經常被用於研究，是用在分配、執行和評估視覺藝術表現的最簡易模式；更重要的是，許多研究專家認為繪畫是表現所有視覺藝術形式的基礎。此外，繪畫是鑑定優秀視覺藝術能力的敏銳測驗項目，因為繪畫的持續力非常獨特。DiLeo（1977）指出：「隨著青春期來臨……繪畫將被其他更能滿足於自我表現的方式所取代，縱使具有天賦才能者會堅持不懈。」（p. 167）最後，這個研究假設的基礎是：繪畫能力是技巧與知識的明證；「繪畫能力好……不僅依賴於技巧的培養和對世界的覺知，更與藝術問題和藝術家的知識有著密切的關係」（Wilson, Hurwitz, & Wilson, 1987, p. 43）。

克拉克繪畫能力測驗（CDAT）包含繪畫的四個測驗項目與評分說明，這些都已經在一系列的持續研究中使用過。此一測驗已經在美國和八

個其他國家裡逾 5,000 個幼稚園、小學、國中和高中測試過。CDAT 已經顯示出一套甄別與鑑定具藝術資優才能之學生的標準化工具的效度、信度，但它並不是接受或拒絕學生申請參加資優教育課程的單一參考依據。它除了用於短時間內能力判斷外，並非也不應該用於標記或甄別學生。CDAT 的測驗分數可以透指導而改變，不僅可以證明學生具有較高的藝術天份，也可以鑑定藝術能力較差的學生，而進一步矯正他們繪畫技能的發展。

CDAT 的測驗項目

在發展克拉克繪畫能力測驗期間，主要面對的問題是如何選擇適當的繪畫測驗項目和建構評分的程序，好讓其他人容易使用（Clark, 1989）。發展和測試許多繪畫測驗項目，然後將先前研究已使用過的項目減少至四個項目。這四個項目為：

1. 畫一間有趣的房屋，就像你正從對面的街道看著它一樣（見圖表 2.1）。
2. 畫一個正快速奔跑中的人（見圖表 2.2）。
3. 畫出你和朋友正在運動場玩的景象（見圖表 2.3）。
4. 依據你的想像力畫出一幅幻想畫（見圖表 2.4）。

在圖表 2.1 裡，低於平均分數的房子是屬於常見的類型──很少細節，沒有透視感或大小關係。屬平均分數的房子已表現出寫實的大小關係、有細節描繪和透視，且有多樣的線條、形狀、質感和圖樣裝飾。平均分數以上的房子，畫得較有透視感，而且細節描繪比較精確，呈現出特別的環境和其他細節；構圖中有特殊的配置、使用感性的線條、有質感、裝飾圖案和正負面空間表現。

在圖表 2.2 裡，平均分數以下的圖畫畫出簡化的跑步人物姿勢，身體各部位的表現不成熟。平均分數的圖畫像人在跑步，且用各種線條或質感表現運動的感覺。平均分數以上的圖畫已準確描繪出運動中的人物和身體

⊙ 圖表 2.1　六年級學生針對 CDAT 第一道題目「畫一間有趣的房屋，就像你正從對面的街道看著它一樣」所繪製的圖

低於中等程度的作品

低於中等程度的作品

中等程度的作品

中等程度的作品

高於中等程度的作品

高於中等程度的作品

⊙ 圖表 2.2　六年級學生針對 CDAT 第二道題目「畫一個正快速奔跑中的
　　　　　　人」所繪製的圖

低於中等程度的作品

低於中等程度的作品

中等程度的作品

中等程度的作品

高於中等程度的作品

高於中等程度的作品

◉ 圖表 2.3　六年級學生針對 CDAT 第三道題「畫出你和朋友正在運動場玩的景象」所繪製的圖

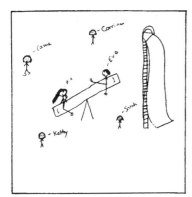

低於中等程度的作品

低於中等程度的作品

中等程度的作品

中等程度的作品

高於中等程度的作品

高於中等程度的作品

⊙ 圖表 2.4　六年級學生針對 CDAT 第四道題目「依據你的想像力畫出一幅
幻想畫」所繪製的圖

低於中等程度的作品

低於中等程度的作品

中等程度的作品

中等程度的作品

高於中等程度的作品

高於中等程度的作品

各部位，適當的使用背景，並將運動中的人物畫得更獨特。

在圖表 2.3 裡，平均分數以下的圖畫概念化地畫出遊戲場裡的兒童的不成熟圖像，且背景和人物之間缺乏貼切的相互關係。平均分數的圖畫適當的搭配背景，了解整體構圖並靈活運用線條的特質。平均分數以上的圖畫將人物安置於充滿想像的背景中，可辨識出專注於遊戲活動的神情，敏銳地運用線條、明暗對比和質感。

第四個測驗項目則是更慎重地強調開放性表現，不像前三項測驗那樣要求明確的表現內容。在圖表 2.4 裡，平均分數以下的圖畫表現不成熟而且缺乏有意義的內容。得到平均分數的作品畫得比較逼真、概念較強，並了解如何描繪整個空間裡的人與物。平均分數以上的圖畫使用充滿想像力的大眾文化圖像，有能力述說有趣的、表現自我、有創造力的故事，而且使用高水準的繪畫技術。

這些項目需要非常不同的能力、技術和表現性的反應，而這可解釋它們過去受人推崇的特點。畫一棟房子需要描繪透視、質感、有意義的形狀和大小以及可辨識的細節；畫一個跑步的人，需要描繪動作、身體比例和可認識的細節；畫一群人在遊樂場玩耍需要正確地描繪人物，以及向後伸展的空間結構和人物在空間裡的配置。最後一項幻想畫則提供機會給受測的對象，運用他們的想像力描繪他們喜愛的任何圖畫，包含他們所知道的和畫得好的東西。四個項目的評分依據是獨創性、表現力、創造性的解答和繪畫技能。

CDAT 是一種藝術才能的測驗工具

在一系列的現場測驗中，CDAT 被實際運用在大學、公立中小學及夏令藝術資優教育課程的學生團體中。數據資料顯示出常態分配，而這樣的發現支持了原先的研究假設：才能具有常態性分配的特性。

為了探究效度問題，我們也蒐集了三個夏令藝術學院課程中，老師對學生表現的排名等級，因為它已被推斷：評量一個計畫是否成功的主

要標準，就是教師給予學生表現的評分等級（Feldhusen, Asher, & Hoover, 1984）。這些夏令藝術學院課程的老師們被要求要根據他們自己在課堂上評分的標準，將所有的學生分出以下等級：優秀（superior）、中等以上、中等（average）、中等以下。關於相關的重要發現是：在 CDAT 的每個項目上的得分和老師對於學生在課堂表現的等級排序有顯著的相關。

這四個繪畫測驗項目之間，彼此間的相關也是很顯著的；這個內在的一致性是對於一個研究或測驗工具效力的確認。許多人被問到此一測驗工具的評分問題時都會關切「幻想畫」（第四項）的評分將和其他項目呈現不一致的結果，因為它的繪畫表現方式是自由的、開放的；然而，在評分方面，在這個項目的表現和所有其他項目之間有顯著的相互關係。

另一個關切的問題是：CDAT 的評分標準有鼓勵具象或寫實風格繪畫的傾向，這樣可能引導學生認為其他的繪畫表現技能較不利於得分。然而，這並非事實，因為這些參加測驗的學生處於發展階段，在發展過程中，他們是自覺且慎重地發展寫實描繪事物的能力。值得注意的是，只有 3% 的幻想畫（從超過 5,000 個樣本中算出）是抽象的或是缺乏寫實的樣貌。

此外，對於特高程度評分的認同上，不同孩童的藝術作品，隨著不同評分者的評判也有不同的變化。於是，許多人便要求 Clark 在 CDAT 具體指出一個分數，以區別高度能力的學生；但無論如何，這是不可能的；因為在這個測驗中，其表現會因學校、社區、情況的不同而異。

鑑別在鄉村社區的視覺藝術資優學生

近年來，有許多特別計畫的焦點都著重在都市學生，而那些有相同需求的鄉村學生卻不常被重視或認可。在談論資優教育與有才能的學生的相關書籍和期刊中，皆充斥著提供給城市與市郊學生的規劃與建議，因為多數機會都是提供給城市以及城市周圍的區域，很少有地方性學校提供整年

度的課程或研究計畫給來自有種族差異背景的鄉村社區的美術資優學生。

　　鄉村課程的界定應當具有廣泛的基礎，因為當所鑑定的對象是那些先前沒有視覺藝術學習經驗的鄉村學生之藝術表現時，它對於教育的廣泛推展就顯得很重要。限制性的鑑定評量（如特定的創造力或成就測驗成績）常被用於城市或市郊的學區。無疑地，此類的單項成績並不適用於大多數的鄉村學校，尤其是那些經濟貧困或種族差異的學生。這些學生若以這類測驗的得分為選擇的依據，將難有機會接受美術才能培育課程的薰陶。

　　由於鄉村學校遠離人口聚集的都會中心，學生往往不易接觸傳統文化資源，如大型美術館、主要的博物館、大型圖書館、音樂廳，以及主要都會區才看得到的類似設備（Nachitgal, 1992）。來自鄉村的這些學生沒有同樣的機會去探究這類藝術資源和經驗，而這類藝術資源和經驗卻有利於居住在這個國家的都市和市郊地區的學生。然而，他們最常擁有的就是豐富的文化遺產與強大的社區電腦網路系統。在較小的鄉村社區學校徵求視覺藝術資優學生時，通常鑑定不出足夠的學生來聘請具有特殊專長的教師、提供充分的教學資源或接受名師指導。此刻，我們亟需為那些居住在全美國小型鄉村社區而具美術潛力和能力的學生發展鑑定評量工具與課程。

ARTS 計畫的解說

　　為了盡力配合鄉村學校美術資優生的需求，我們將 ARTS 計畫設計為一項為期三年的研究與發展計畫。這項研究的目的在於鑑別未受照顧的、具有視覺及表演藝術能力的三年級學生，第一年由七所選定的鄉村學校裡選出這些學生，並且在接下來的兩年中，實施適合於那些學生的課程，在第三年則評量本課程的成效。參與本項研究的工作同仁首先測驗七所學校的 1,000 多位三年級學生，投入本項任務的工作者包括老師、家長、行政人員、藝術家與其他相關的社區人員，這些顧問群負責提供地方人士的建議與每一社區學生的適切期望。參與本計畫的各校三年級學生都經由適合於各區域的地方性評量選出來。此外，為達到 ARTS 計畫的目標，本計畫

工作同仁要求每一個學校接受兩個標準化工具的測驗。這兩個標準化測驗工具是修訂過的拓弄斯創造思考測驗（TTCT）和克拉克繪畫能力測驗。另外，州裡的標準化成就測驗成績也被參與本研究計畫的各個學校採用。

標準化測驗與 ARTS 計畫

　　誠如我們在本章稍早陳述的，能用來評量繪畫能力的全國性標準化美術測驗僅只少數，而那些現存的測驗也被質疑有問題。大多數的州美術成就測驗並未要求學生製作藝術作品或回應美術相關問題（Sabol, 1994）。這些情況在鄉村學校中引發了一些有關鑑別高能力學生的問題，而這些學校或許並無強調標準語言、美術技能發展，或提供經常性的標準測驗經驗。

　　拓弄斯創造思考測驗與克拉克繪畫能力測驗被 ARTS 計畫選為有效度和信度的測驗，但僅是為了達成研究目的而採用它們。由於合作學校有為學生保密的規定，TTCT、CDAT 以及標準成就測驗成績均採用匿名編碼方式，因此這些成績並不用來和地方鑑定評量的學生分數做比較（Clark, 1997）。

拓弄斯創造思考測驗　這一套測驗係修訂自拓弄斯創造思考測驗，施測於所有參與本研究的學校的三年級學生，特別是用來鑑定那些來自鄉村及不同文化族群的高能力學生。TTCT 的成績通常是作為視覺課程的鑑定評量，並施用於美國的城市和市郊地區（Torrance, 1972）。我們使用這個縮寫的 TTCT 版本包含三項測驗：

　1. 盡你所能地列舉出數個廢棄汽車的不常見用途。
　2. 依據標題，製作數個圖畫（在四個矩形框中）。
　3. 看你能從紙張上十二個印刷的三角形中，畫出多少物體。
　　這項 TTCT 是被當作流暢力、變通力、精密度、所畫圖像數量的成績之證明。

克拉克繪畫能力測驗　許多研究學者相信，美術才能是一種很穩定並有常態分布的情況，而且一個人的視覺藝術才能的高低有一定限度。換言之，所有的學生皆擁有才能，但有些人只能發展出較小的程度，大多數則是到達一個平均的水準，而一些則能達到相對的高標。為了測試這些信念，我們需要一種工具，其可以驗證美術能力在學生之間的普遍差異，此一工具以繪畫作品所表現的技巧為依據。為了比較學生的表現，這些繪畫作品必須由所有受測學生在相同時間、依照同樣的測驗項目、用同樣的材料和工具完成。在兒童美術才能發展的分析與比較上，相較於那些使用各種不同媒材描繪的作品，所有學生們所完成的相同測驗項目更能提供合理的基礎。過去 CDAT 的使用，都是根據受測對象的年齡、性別、年級與社經地位（SES）的人口統計資料，以及與成就測驗分數之相關性為基礎加以分析、報導（Clark, 1989, 1993; Clark & Wilson, 1991）。這項 CDAT 是施測於合作參加 ARTS 計畫的所有學校的三年級學生。

州的標準化成就測驗　參加 ARTS 計畫的學生同樣接受標準化成就測驗，並作為每一地區測驗計畫的一部分。這些測驗都具有各州的獨特性和成績，無從做跨區的比較；然而，依據 TTCT 與 CDAT 的測驗結果分析，這些測驗結果能在各州內互相評比。雖然這些研究發現只特別在各州報導，但變異數分析（analysis of variance, ANOVA）可用來評估成就測驗的成績。TTCT 與 CDAT 的成績均有受測對象的性別比較，而這些發現也由各州發表。

地方性的鑑定程序

　　雖然標準測驗是供研究目的而使用，但各個學校被鼓勵去發展為 ARTS 計畫鑑定學生而設計的當地鑑別評量。當前，對於地方標準評量使用的標準或是他們之間的交互關係並未有一致的認同；然而，這些評量常被推薦用於學校的鑑別計畫。來自鄉村地區的學生通常具有獨特的特

質，而當鑑別程序在設立或選取的時候，這些獨特的特質應該被列入考慮
（Zimmerman, 1992b, 1992d）。在 ARTS 計畫服務下的團體，同樣應該重
視過程，那些在藝術作品上有進展的學生不見得會在標準測驗中獲得較好
的成績。因此每一所與本計畫合作的學校都被要求執行當地團體的鑑定與
評量任務。

　　各個參與 ARTS 計畫的學校在制定鑑別評量時，當地委員會成員在
每一次會議中，對於美術資優組成的建議，都被列入考慮的。每個部分中
的多種議題，是特別設置給當地文化族群的鑑別評量。雖說每個項目都
發展出當地的方法，但有些測量的使用並沒有變更任何範圍（見圖表 2.5
ARTS 計畫鑑別程序的實施綱要）。

⊙ 圖表 2.5　運用於印第安那州（IN）、南卡羅來納州（SC）和新墨西哥州（NM）的
　　　　　　ARTS 計畫的鑑別程序

	IN	NM	SC
自我推薦表格	✓	✓	✓
家長推薦表格	✓	✓	✓
教師推薦表格	✓	✓	✓
同儕推薦表格	✓	✓	✓
拼貼設計作品範例作業			✓
供教師閱讀故事的記事板			✓
3D 泥土動物作業			✓
學生態度問卷			✓
素描簿（暑期用）		✓	
其他課堂標準作業	✓		
社區藝術展覽		✓	
學生檔案	✓	✓	✓
校外計畫	✓		
觀察學生（在教室和實地考察）	✓		
以前的美術成績	✓		

印第安那州的鑑別程序 印第安那州的學校所採用的方法是結合九個地方設計的評量，包含學生、家長（見圖表 2.6）、教師和同儕的推薦；課堂標準化作業；學生檔案評量和校外計畫；以前的美術成績；以及對學生的觀察。

這些項目的設計盡可能涵蓋所有項目，而且評分標準均由各區域學校自行規劃。有個印第安那地區的學校用實地參訪博物館當作獨特的鑑定程序；義工、家長和教師在表格上記錄學生在博物館的行為和反應，這些表格是各地區美術教師設計的。在這個學校裡，所有的同儕推薦表格要求男女生按表列項目描述一些有關藝術才能的看法（見圖表 2.7）。感覺上，刻板的角色界定在這個鄉村社區裡的人們早已熟悉，而且許多同儕的選擇會產生單一性別的分組狀況。

新墨西哥州的鑑別程序 新墨西哥州的學校所採用的方法包括七個地方性的評量：學生、家長、教師（見圖表 2.8 和 2.9）、社區人員（見圖表 2.10）和同儕的推薦；以及暑期素描簿的評量、在社區藝術展覽中展出的作品與學生檔案的評量。最有趣的過程是素描簿在學年結束時分配給所有二年級學生，並要求這些學生在下一學年開學時歸還。

雖然只有少部分的素描簿被送還，但這表示學生有高度興趣和意願去完成這些素描簿作業。新墨西哥地區有一所學校的全體學生被邀請提供藝術品參加該地畫廊的展覽，並由成人畫家依據普遍認同的標準給予評審，包括原創性、技巧和構圖。在這鄉間學校裡，有位地方畫家已和學生一起作畫多年，非常了解他們的作品，因此可以推薦好作品參加展覽。

南卡羅來納州的鑑定程序 南卡羅來納州的學校所採用的方法，包括學生、家長、教師和同儕的推薦；三個作品範例的評分；學生態度問卷。三項獨特的評量及標準產生的作品範例，是依據學生對 Gullah 文化背景影響的敏銳度發展出來的，並交由參加本計畫的學校美術教師以當地標準評斷優劣。因圖案花樣與設計對該區域的藝術家相當重要，其中一個鑑別程

⊙ 圖表 2.6　ARTS 計畫（印第安那州）：家長資料表格

學生姓名 ＿＿＿＿＿＿＿＿＿＿＿＿＿＿＿＿＿＿＿＿＿ 日期 ＿＿＿＿＿＿＿＿＿＿＿

家長姓名 ＿＿＿＿＿＿＿＿＿＿＿＿＿＿＿＿＿＿＿＿＿＿＿＿＿＿＿＿＿＿＿＿

說　　明：如果你的孩子具有下列表格之中任何領域的特殊才能或興趣，請寫下來，只填選適合你孩子的種類。請孩子將表格交還給 ＿＿＿＿＿ 老師。謝謝你的幫忙。

我的孩子

1. **修理東西**（fixes things）：＿＿＿＿＿ 是 ＿＿＿＿＿ 否

   如果是，是哪一類東西？

   他或她做此事耗時多久？

   你記得（並告訴我們）關於此的任何故事嗎？或者提供範例給學校？

2. **製作東西**（makes things）：＿＿＿＿＿ 是 ＿＿＿＿＿ 否

   如果是，是哪一類東西？

   他或她做此事耗時多久？

   你記得（並告訴我們）關於此的任何故事嗎？或者提供範例給學校？

3. **書寫東西**（writes things）：＿＿＿＿＿ 是 ＿＿＿＿＿ 否

   如果是，是哪一類東西？

   他或她做此事耗時多久？

   你有一些作品範例可以送到學校來嗎？

4. **大量閱讀**（reads a lot）：＿＿＿＿＿ 是 ＿＿＿＿＿ 否

   如果是，是哪一類東西？

5. 有些並未提到，但我想告訴你關於我的孩子：

◌ 圖 2.2　這是參與 ARTS 計畫的 Orleans 小學三年級學生的圖畫，它所展現的是這位小朋友對他所居住的農村之日常生活的觀察

序為撕紙拼貼畫的設計（見圖表 2.11）。說故事亦為 Gullah 文化之一，所以第二步驟為學生為一個故事在四個格子裡畫上插圖（見圖表 2.12）。第三步驟為請所有學生製作黏土動物造型，因這個步驟為農村學生經常使用的技巧，他們常在環境中發現材料並嘗試創作 3D 物體（見圖表 2.13）。

ARTS 計畫裡運用標準化測驗的結果

　　誠如我們前面所提到的，ARTS 計畫中針對七所學校三年級學童實施的拓弄斯創造思考測驗。TTCT 的分數顯示許多創意行為的廣闊範圍可藉由此一評量加以界定。在常態分配裡，中等分數出現在曲線圖的中間區塊；在偏態分配中，中等分數會落在中央偏左或偏右的區塊，這是一種非典型的情況。TTCT 和 CDAT 的測驗結果所呈現的曲線在圖表 2.14 與圖表 2.15 都向左偏，因為 ARTS 計畫裡的學生很少（甚至沒有）這類評量的經驗。克拉克繪畫能力測驗也施測於七所學校的所有三年級學生。CDAT 分數的分配鑑定了不同美術能力的廣闊分配範圍，包括一些低能力的學生、多數的中等程度的學生，以及一些具有高能力的學生，雖然呈現

⊙ 圖表 2.7　ARTS 計畫（印第安那州）：課堂評量表格

班級 _____　　日期 _____

1. 教室中有哪些學生很會唱歌？
   女孩：
   男孩：

2. 你知道教室中有任何學生會彈鋼琴或演奏樂器嗎？
   知道或不知道？
   誰？

3. 教室中有哪些學生很會畫畫？
   女孩：
   男孩：

4. 教室中有哪些學生擅於製作東西，如 3D（3-dimensional）設計或使用黏土塑造？
   女孩：
   男孩：

5. 教室中有哪些學生善於運用色彩或描繪圖畫？
   女孩：
   男孩：

6. 教室中有哪些學生喜歡科學？
   女孩：
   男孩：

7. 教室中有哪些學生喜歡學習歷史？
   女孩：
   男孩：

8. 教室中有哪些學生喜歡了解其他國家？
   女孩：
   男孩：

9. 教室中有哪些學生知道很多關於東西如何運轉或組合？
   女孩：
   男孩：

10. 教室中有哪些學生知道很多關於自然、植物或動物？

11. 教室中有哪些學生喜歡閱讀？

12. 教室中有哪些學生喜歡寫故事或寫詩？

⊙ 圖表 2.8　ARTS 計畫（新墨西哥州）：教師推薦表

學生 _____　學校 _____
班級導師 _____　年級 _____
藝術教師 _____　日期 _____

這個學生曾表現特別的藝術技能在：

_____

_____

_____

_____

我推薦這個學生給美術計畫的理由是：

_____

_____

_____

以下的檢校表以部落／文化的觀點作為資優學生的能力與行為評定等第的依據。

　　1 ＝沒有跡象

　　2 ＝很少跡象

　　3 ＝擁有某些等級的特徵

　　4 ＝擁有超越平均等級的特徵

　　5 ＝擁有高階的能力、特質及行為

部落文化的認識	(1)	(2)	(3)	(4)	(5)
1. 尊敬部落長輩					
2. 受他人尊敬					
3. 了解部落歷史					
4. 了解部落文化					
5. 製作部落藝術的能力					
6. 說故事的能力					
7. 部落語言能力					

總分 _____

⊙ 圖表 2.9　ARTS 計畫（新墨西哥州）：美國本土學生創造行為檢核表

學生姓名：＿＿＿＿＿＿＿＿＿＿＿＿＿　年齡：＿＿＿＿＿＿＿＿＿＿＿＿

學　　校：＿＿＿＿＿＿＿＿＿＿＿＿＿　年級：＿＿＿＿＿＿＿＿＿＿＿＿

注意事項：下列行為可能在教室環境內觀察到也可能無法觀察到。專題討論小組
　　　　　成員表示美國本地學生在其他美國本地人中、社團或家裡更可能會表
　　　　　現出其中的一些行為，而某些學生則不需要以口語來表達創意行為。

說　　明：圈選最適合用來描述你所認識的學生的數字。

　　　1＝從未如此　2＝很少如此　3＝有時如此　4＝經常如此　5＝總是如此

	1	2	3	4	5
1. 表現出有智慧的嬉鬧：有幻想力、想像力、思維縝密靈巧	1	2	3	4	5
2. 是一位勇於冒險者，愛冒險而且挑戰不確定的事物	1	2	3	4	5
3. 對於成功的定義有不一樣的評斷標準	1	2	3	4	5
4. 能對自己的文化背景展現敏銳的幽默感	1	2	3	4	5
5. 個人主義的；不畏與眾不同	1	2	3	4	5
6. 能依據現有的資訊預測未來結果	1	2	3	4	5
7. 對許多事情表現出好奇心；有多樣興趣	1	2	3	4	5
8. 能夠面對問題提出許多構想和問題的解決方式	1	2	3	4	5
9. 透過書寫、創意故事、詩等展現特殊能力	1	2	3	4	5
10. 對顏色、設計、構圖和其他藝術鑑賞或理解等特質有敏銳的感受	1	2	3	4	5
11. 對於旋律、韻律、形式、音調、情感和其他音樂特性有敏銳的感受	1	2	3	4	5
12. 在精緻藝術的某個領域展現特有能力或潛力（依經驗與養成背景而定）	1	2	3	4	5
13. 在實用藝術（例如木工、手工藝、金工、機械等等）的面向上展現特殊能力	1	2	3	4	5
14. 在肢體協調活動中展現特殊技巧和能力	1	2	3	4	5
15. 展現對非傳統行業的興趣	1	2	3	4	5
16. 能運用平凡的材料即興創作	1	2	3	4	5
17. 情感性的反應（不會在課堂上公開反應）	1	2	3	4	5
18. 展現口語表達能力（在課堂上不會表現出的口語表達）	1	2	3	4	5
19. 能覺察到自己的衝動並勇於面對自己的荒謬行徑	1	2	3	4	5

⊙ 圖表 2.10 ARTS 計畫（新墨西哥州）：社區調查表

本校正參加 ARTS 計畫──鑑定三年級美術資優學生的計畫。假如你知道本社區的任何兒童，他可能具有下列領域的才能，請你寫下他或她的姓名、家長或監護人姓名，以及學校的名稱。只推薦三年級學生。

美術（ART）：素描、彩繪、速寫、木雕、雕塑、珠寶設計、陶藝創作、卡通、縫紉、編織等。

姓名 _____　家長 _____　學校 _____

_____　_____　_____

_____　_____　_____

_____　_____　_____

戲劇（DRAMA）：戲劇表演、團體創作、活動、教會演出、學校演出、戲劇創作等。

姓名 _____　家長 _____　學校 _____

_____　_____　_____

_____　_____　_____

_____　_____　_____

舞蹈（DANCING）：社區傳統舞蹈表演；娛樂性舞蹈；學校、教會或社區舞蹈演出；舞蹈課，如芭蕾舞、踢踏舞、方塊舞、土風舞等課程。

姓名 _____　家長 _____　學校 _____

_____　_____　_____

_____　_____　_____

_____　_____　_____

音樂（MUSIC）：學校、家中、社區或教會的樂器演奏；家中、學校、社區或教會的歌唱演出；參與音樂會、才藝競賽等。

姓名 _____　家長 _____　學校 _____

_____　_____　_____

_____　_____　_____

_____　_____　_____

姓　　名：_____

推薦單位：_____

⊙ 圖表 2.11　ARTS 計畫（南卡羅來納州）：拼貼／設計計畫

說明：問這些問題：「設計是什麼？」（一群圖案、線條和形狀）。「你在哪兒看到設計？」（隨處可見）。「設計與圖畫有何區別？」（設計不一定要看得出真實事物）。給下列這些說明：「今天你將用線條、形狀和色彩設計作品。你可以撕紙造形或剪紙造形，然後你把準備好的造形安排在底紙上，再用膠水黏在底紙上。不要用太多膠水，因為膠水太濃會損壞你的作品。你只能用紅色、藍色、黃色紙和黑色麥克筆。不可以要求使用其他顏色。」

「請把姓名、年級和教師姓名寫在背面。你將有三十分鐘時間去完成你的設計。當時間已過一半及最後五分鐘時，我會告訴你。」傳給每位學生一張 12×18 的馬尼拉紙（manila tag），9×12 的紅、藍、黃等造形用紙各一張，一支黑色麥克筆、剪刀和膠水。

拼貼設計評分標準	（分五等級）				
平衡感	0	1	2	3	4	5
反復與變化	0	1	2	3	4	5
動感	0	1	2	3	4	5
整體構圖	0	1	2	3	4	5

向左偏，仍與 TTCT 分數所呈現的近似（見圖表 2.15）。

　　TTCT 和 CDAT 兩個測驗分別評量不一樣的預期目標、手法、產品成果、完成方式與評分標準。雖然不一樣，但彼此的相關性卻很顯著。TTCT 測量的是流暢性、變通力、精進力和語言與視覺的反應；CDAT 測量的是問題解決的技巧和不同的繪圖能力，但分數會受到過去學習經驗和先前所學的技巧影響。CDAT 的分數隨著年齡和學習而增加，但 TTCT 的分數卻有相當長的時間維持不變。

　　有個重要的發現是，每個學校三年級學童的 TTCT、CDAT 成績和成就測驗成績三者之間有正相關。雖然此一相關性不像富裕的市郊社區學童那麼高，但我們常思索高成就測驗分數和視覺藝術與表演藝術卓越能力之間的正向關係。我們從這個研究得到有趣的發現：這三個州分別用不同的

⊙ 圖表 2.12　ARTS 計畫（南卡羅來納州）：故事插圖計畫

說明：「這個計畫將可以讓你展現一種不用言語的說故事能力。你將在一張折成四個區塊的紙上做這件事。」傳出紙張並示範紙張折法，然後依序在四個格子寫上 1 至 4，並要求學生照做。「把紙張反過來並在上面寫你的姓名、年級以及輔導教師姓名。你不能在這一面畫圖；直到我要大家把紙張反過來時才開始畫圖。要仔細聽，我只把故事唸一遍。」讀下列故事：

「從前，有一條小魚要離家出去玩，他的媽媽曾提醒他不要離她太遠，媽媽說：『不要與陌生人講話。』媽媽又說：『要遠離水底的洞穴、巨岩、海草森林和大魚。』可是小魚不聽媽媽的話，他游呀游呀游呀，游過許多陌生人、游過許多巨岩、也游過海草森林。突然，一條巨大又醜陋的魚出現了。大魚一口就將小魚吞下！」

「現在開始用圖畫說這個故事。從開頭到結尾要畫得有連貫性。故事的第一段畫在第一格裡，接著發生的事畫在第二格，再發生的事畫在第三格，故事的結尾畫在第四格。你可用鉛筆畫這個故事，隨你所好地仔細畫出來。你有二十分鐘的時間可以畫出完整的故事。我會告訴你何時該完成哪一段故事，何時該接著畫下一段故事。因此你能畫完整個故事。」

故事插圖評分標準	（分五等級）					
插圖的適切性	0	1	2	3	4	5
細節與精密度	0	1	2	3	4	5
情節連貫的完整性	0	1	2	3	4	5
大小關係和透視	0	1	2	3	4	5
構圖的安排	0	1	2	3	4	5
情感表現的品質	0	1	2	3	4	5

標準化成就測驗，但所有在 CDAT 和 TTCT 得分高的學生，在不同的標準化成就測驗上也都得到高分；換言之，在這三個州裡，創造力和繪畫能力程度高的學生在語言、數學和閱讀測驗也得到較高的分數。這種跨三州的一致性確定指出了一般高成就學生中將有高成就的視覺藝術資優學生。

其他兩項研究發現也應該被注意。第一，就性別表現而言，這些鄉村學生在 TTCT、CDAT 和標準化成就測驗與語言、數學和閱讀方面是有正

⊙ 圖表 2.13　ARTS 計畫（南卡羅來納州）：泥塑動物計畫

> **說明：**首先問這些問題：「人與動物有什麼不一樣的地方？你們有多少人養寵物？有多少人去過動物園？你們有多少人能想到那些已經不存在的動物（獨角獸、恐龍、龍……）？你有最喜愛的動物嗎？」
>
> 　接著提示：「現在，你將用黏土塑造動物。你可以做你想要的任何一種動物。牠可以是真實的動物或是想像的動物，你們都能拿到一樣分量的黏土。記得要把所有的黏土留在這間屋子裡的桌上。」
>
> 　發給 3×5 的卡紙和鉛筆。「請把姓名、年級和教師姓名寫在這些卡紙上面。保持清潔。當你完成你的泥塑時要放到卡紙上。你有三十分鐘時間去完成你的泥塑動物。當黏土和工具傳給你，你就可以開始製作。」傳給每位學生黏土和工具。在此一活動進行十五分鐘以及最後五分鐘時要提醒學生。當學生完成作品時，要說：「現在請帶著你的動物來我這兒。一定要把你的泥塑動物放在寫有你的姓名的卡紙上。」

泥塑動物評分標準	（分五等級）				
精密度與細節	0	1	2	3	4	5
質感	0	1	2	3	4	5
結構的精巧度	0	1	2	3	4	5
可辨識性	0	1	2	3	4	5
黏土的有效應用	0	1	2	3	4	5
表情的展現	0	1	2	3	4	5
動感和平衡感的展現	0	1	2	3	4	5

向的相關。在小學裡，女生通常被期望成就分數和一般學校表現超越男生；但沒有發現證據肯定這項說法。第二，所有三年級學生在 CDAT 和 TTCT 的表現上，在年齡上沒有明顯差異。TTCT 和 CDAT 的分數都與年齡無顯著相關，即使這可能只暗示：在少數增加的評量裡，這些測驗與年齡差異沒有明顯相關。

ભ 圖 2.3　這是參與 ARTS 計畫的 Santo Domingo Pueblo 小學四年級學生的圖畫，
　　　　所畫的是他家附近常見的馬群

ARTS 計畫裡運用地方性評量程序的結果

　　每一學校或社區使用地方性評量的結果都要和 ARTS 計畫的工作同仁
討論，因為學生人數太少而由各學校評量，因此無法將評量資料連結標準
化測驗進行相關性的分析。為了將地方評量所得分數與標準化測驗連結，
許多學生必須配合每一學校所做的標準化測驗與地方評量程序之間的任一
精確相互關係。此外，縱使我們急切希望知道標準化測驗與地方評量的相
互關係，然而受測學生都匿名，所以當研究者期望能了解標準化測驗分數
時，卻無從連結地方評量與標準化測驗。能力分班的學生在地方評量的表
現很好，而且為了配合 ARTS 計畫而被鑑定過，然而在後續兩年間的許
多場合仍接受訪問與觀察。當本計畫結束做結論時，評量學生的進步情形

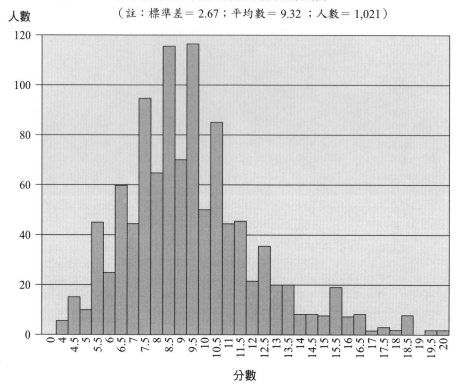

（註：標準差＝ 2.67；平均數＝ 9.32；人數＝ 1,021）

人數

分數

和成就，我們從中證實大多數受測學生的藝術技巧、知識都有進步，而且提升了他們對自己社區藝術的理解和欣賞。訪談過程中，有些教師表達他們對某些測驗項目的顧慮（縱使這些都是由地方設計和施測的），也表達了對學生能力的理解與看法。但是絕大多數的教師都認為地方評量能有效地鑑定出藝術資優學生。根據工作同仁的觀察和教師們的認同，他們認為最成功的鑑定評量是作品範例、社區展覽、教師觀察和自我推薦。直到現在，參與 ARTS 計畫的學校仍繼續使用他們教師發展出來的工具去鑑定視覺藝術資優學生。

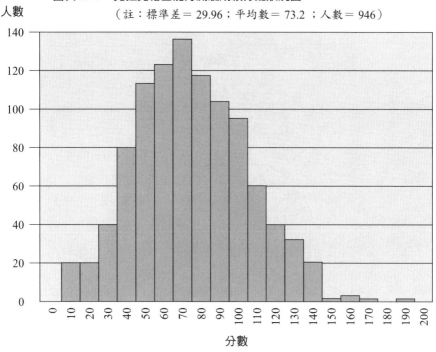

⊙ 圖表 2.15　克拉克繪畫能力測驗成績分配狀況圖

（註：標準差＝ 29.96；平均數＝ 73.2；人數＝ 946）

從 ARTS 計畫裡學到的習題

　　基本上，在 ARTS 計畫裡，發展鑑定程序的重要性顯示全國任何地區的任何學校幾乎都可以發現藝術資優學生。在鄉村社區鑑定美術資優生可能要屈從於非典型處境的常規與地方社區團體的要求，要與地方教師合作，在他們的學校裡發展美術資優學生的鑑定工具。在參加這項課程的學生中可能有少數學生未被精確鑑定，但鑑定程序提供以前未曾體驗的機會給許多具有潛力或高能力的學生。許多地方的鑑定程序在連結其他地方設計的鑑定過程時已證實它們的適當性。最困難的步驟在於說服部分老師尊重學生的藝術潛能，並相信自己具有鑑定藝術資優學生的能力。

　　我們建議不同的測量方法——許多地方評量測驗、CDAT 和成就測驗分數——使用在參與 ARTS 計畫的同一群學生身上。雖然許多小學教師表

ᘓ 圖 2.4　這是一位參加 ARTS 計畫的 J. J. Davis 小
學三年級學生所畫的素描作品。此圖凸顯
這位學生對於人物細節和服飾的細心觀察

示：藝術提供給那些學科表現不佳的學生，可以讓他們有機會展現學科以
外的能力，但是我們的發現卻顯示視覺藝術獲得高成就的學生也大都可能
在其他一般學科獲得高成就。

當前鑑定藝術學生所採用的措施

　　有一些一般性的建議提供給那些有意運用多樣鑑定過程去鑑定美術資優學生的學校行政人員。在決定鑑定之前，行政人員必須事先評估藝術資優課程運作規模的大小、課程的特質與目的、學生的族群背景，以及可供使用的經費。目前使用的評鑑程序所能接受的學生比例約為地方學校學生總數的 5% 至 15%，決定課程的規模大小即已暗示這個資優課程想要接納多少人數。鑑定程序也能用來篩選適合於所開課程的學生，所期望獲得的技術、能力、經驗隨全國各地不同的需要而有所不同；年齡群、教學類型、課程目標應引導學校決定允許多少學生進入此課程。

　　如果學校人員要創立一個新的美術資優課程，相較於是否有長久基礎、好聲望和充分經費，他們可以決定較寬鬆的入學標準更為重要。鑑定藝術資優學生的程序也可以按照逐漸減少的申請人總數而調整。行政人員可以從篩選程序中選擇一種選才方式，例如：「先來者，先處置」的程序最不具選擇性，選擇學生是隨學生自己和他人所用的非結構性推薦；依學生自己、同儕、父母、老師和他人提名的結構性推薦；依美術課成績、學業成績、成就測驗成績決定；非正式的美術測驗或作品範例；以及幻燈片或錄影帶的檢閱。檔案資料檢閱、試聽、面談以及觀察最具選擇性也最需要繁雜的行政作業程序（見圖表 2.16）。

　　我們建議學校的評鑑計畫以多元的鑑定程序於學生適當的年齡來評選學生。不過面談、學業表現、自我推薦這幾項可能不太適合用在低年級，但卻很適用於中高年級（各年級適用的鑑定方式請見圖表 2.17）。

推薦：非結構性推薦與結構性推薦

　　非結構性推薦（nonstructured nominations）只簡單地要求推薦者提供他認為可造就的學生，學生、同儕、教師、雙親、輔導員和其他人能提供

⊙ 圖表 2.16　鑑定藝術資優學生的篩選程序（依選擇性與成本之高低為序）

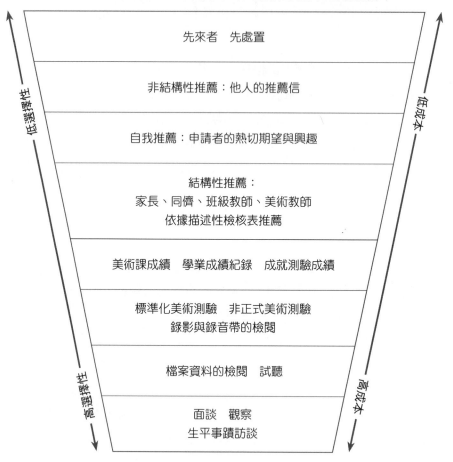

對其所推薦的候選人的看法。此一推薦方式的價值在於推薦者所提供的訊息與實質的觀察，但他們的偏好以及缺乏該有的預設標準往往產生一些沒意義或不恰當的訊息。非結構性推薦可以提供推薦人對候選人的重要觀察發現，且可用於安置學生於適當班級，但缺乏標準化的標準。

　　結構性推薦（structured nominations）要求所有推薦者回答相同的問題，所得到的開放性答案具有重要參考價值。他們掌握所報告的訊息，有利於比較不同申請案的回應。結構性的推薦能提供有用的訊息，因為它要

⊙ 圖表 2.17　不同年齡／年級的鑑定申請程序

	低齡 6-9 歲	中段年齡 10-12 歲	中學年齡 13 歲以上
非結構性推薦：			
他人推薦	✓	✓	✓
自我推薦		✓	✓
結構性推薦：			
自我推薦		✓	✓
同儕推薦		✓	✓
家長推薦	✓	✓	✓
教師推薦	✓		✓
美術課成績		✓	✓
學業成績紀錄			✓
幻燈片或錄影帶資料報告的檢閱		✓	✓
非正式的推薦工具	✓	✓	✓
檔案資料檢閱			✓
面談		✓	✓
班級裡的觀察	✓	✓	✓

求所有的申請者回答同樣問題，然後依據所得到的回應敘述計畫的目標。它也可以從那些充滿期待的學生、家長、同儕、教師和其他熟悉使用標準的人士索取相關訊息。有效率的推薦表格需要適切的目標、清晰易用、便於工作人員評估。通常有效的結構性推薦表格應包含特定類別的行為檢核表，使用者被要求核對或評定檢核項目的觀察結果，當評定等級時，每一行為依其頻率和強弱程度呈現。表格用於記錄差異程度能提供比簡易的檢核表更好的結果。

自我推薦

　　學生的熱切期望與興趣有可能是鑑定藝術資優學生最顯著的參考指

標，因為強烈的興趣和堅毅態度的表達對於日後進步與成就是關鍵性的特徵。申請接受美術資優課程的學生必須由教師或校長推薦，並符合許多的入學標準，但也要申請者自己寫短文陳述為何報考美術資優班。他們的陳述內容可以看出申請者過去藝術經驗的成就、多種藝術天賦、幽默、問題解決能力，以及高度動機等。

美術資優學生常自我吹毛求疵，但也比別人更能敏銳地評估自己的興趣、技巧和能力。自我興趣的詳細目錄可以鑑定與計畫目的相關的能力、嗜好和興趣，而且可以呈現學生有關視覺藝術成就的思想、目標、價值觀。

同儕推薦

雖然許多高才能的學生可能隱藏他們的能力，不讓教師或其他成年人知道，但通常同儕間可透過學校上課、課外課程、校外活動課相互了解。要求學生列出其他學生的才能，但只要單純地誘填所需要的學生名單。至於更有用的訊息則要依據學生所填寫的特別項目和藝術相關行為的出現頻率。透過意見調查，可以因此獲得訊息，這些訊息將有助於選才的程序發展。

父母推薦

父母往往比教師和學校行政人員更了解孩子，因為除了學校和在家之外，他們能多面向的了解自己孩子與他們的社交情形。然而，父母親往往有偏見，他們可能因為種種因素而過度重視或輕忽他們小孩的成就。雖然父母親常提供學校員工或同儕所不熟悉的訊息，但是這些潛在的偏見卻妨礙了採用父母推薦的獨特優勢。父母推薦可能只寫公開推薦信或填寫結構性表格，它們可由此來評估藝術相關行為表現的頻率和描述興趣及活動，如此有助於點出選擇性學校課程獲得成功的可能性。

教師推薦

　　研究者所提出的證明往往驗證：以公開邀請信請教師推薦美術資優學生，成效並不大。不過在推薦過程開始之前，先透過推薦表格說明特定標準和方法，便可能大大增進教師推薦的效果。我們認為多樣組合檢核表和主觀的問題要比單獨使用其中一項來得好。非結構性推薦與結構性兩者都很重要，因為它們可以產生很不一樣的訊息和反應。

標準化測驗

　　已有些人建議標準化成就測驗分數的使用，而且通常的標準是二年級或小學階段更高年級以上，這是基於研究的發現已經顯示藝術資優學生通常在其他學科的成就也能得到很好的成績（此一成就常被證明，雖然並非全然是學科和藝術都得高分）。我們建議：假如成就測驗分數只用於篩選的目的，他們應該不是獨占性的使用。

　　同時，除了克拉克繪畫能力測驗（Clark, 1993; Clark & Wilson, 1991）之外，我們不建議使用任何當前有效的標準化視覺藝術測驗（例如 Graves, 1978; Horn, 1953; Meier, 1942），因為克拉克繪畫能力測驗已經有信度、效度測試（參閱本章有關的 CDAT 的討論）。有關使用創造力測驗鑑定藝術資優學生這個問題也引發了許多問題（參閱第一章）；這樣的測驗必須與其他評量一起使用。縱使 CDAT 和 TTCT 之間可能有相關性，但針對藝術資優學生的鑑定，創造力測驗總該與其他評量連結。

非正式的藝術工具

　　許多負責推展視覺藝術或表演藝術課程的行政人員（尤其是國中或高中階段），在實施團體繪畫測驗時，會要求學生繳交他們作品的幻燈片或要求學生送檔案資料當作篩選的程序。學生往往無法取得用來判斷他們作

品的標準資訊。由地方學校建立的標準經常用為選才的依據，而又都只是陳述的——總之，即是開放性的或是不清晰的。這樣的決定往往有缺失，因為他們立基於教師的主觀反應。作品範例這個方法提供了一種具有變通性又不招惹嚴重批評的依據——這我們剛列舉過。在作品範例審查程序裡，一般作業或團體合作作品都由申請者提供，而評鑑標準都是建立在班級成績上，因此使成績得以比較；然而，許多非正式的工具作為單一選擇藝術資優學生標準是不值得信賴的，因為他們缺乏充分的信度和效度。

檔案資料和實際表現的檢閱

能觀看又能批評每位學生的作品或表演，此一鑑定程序的優點是顯而易見的。觀看許多不同媒材的學生藝術作品可以讓評判者了解學生運用技巧、技術的能力，並驗證使用媒材的能力。然而，驗證能力不應只做檔案檢閱，也應注意潛在能力和卓越作品與表演的過程。過程檔案可以用作鑑定過程的一部分，也可用資料夾或卷宗的方式提供個人成就的總結（Gitomer, Grosh, & Price, 1992; Zimmerman, 1997a, 1997b）。

單獨使用檔案檢閱通常會使學生鑑定過程未能顧及那些無法證明的潛在才能，因為之前選過美術課的學生，顯然早已熟知此一檔案檢閱過程，較占優勢。候選人提交檔案資料外，當評審者需要透過觀察去評量他們的創作過程時，也可能在未預先安排的情況下要求創作相關作品。候選人應被告知評量他們特定檔案的要求和標準；評審者應被提示使用檔案檢閱時應持有的公平公正原則，並注意到候選人的潛力和可以驗證的能力。

面談的過程

在許多計畫裡，經過初步的篩選或檔案資料檢閱後，面談會被用來當作鑑定程序。面談可以提供面談者與申請者雙方面對面的互動，以及公開交流中彼此分享訊息的機會；面談活動也應該提供參與者有關課程的訊

息，並蒐集申請者的相關資料。若可能，面談者應有機會在面談之前先檢驗每位候選者的申請資料；他們可以透過候選者的表達熟悉他們的長處、興趣和目標，隨後調整問題去配合學生的興趣和長處。然而，面談是既耗成本又耗時間的鑑定方式，應只用於篩選過程的最後一個步驟。為了使面談更圓滿，生平事蹟的詳細目錄可以編入申請者所提供的申請資料、觀察、判斷和面談的總結論中。

觀察的過程

透過教室和其他環境觀察藝術資優學生的創作過程當作鑑定他們的程序時，受過訓練的觀察者很能精確觀察。當一位觀察者花時間於一門課的課堂觀察時，與學生的相關訊息就會自然浮出現。許多人建議將觀察當作鑑定程序的一部分，但是有兩個主要限制：一是費時、費力、成本高又要訓練；二是敏銳的觀察者通常不是學生平常學習環境裡的參與者，他們的出現可能影響教學氣氛。

 結論和建議

1992 年，我們報導了一些當時各州和地方層級單位採用的鑑定實務、標準化美術測驗、篩選程序。從那時開始，許多美術資優課程已經出現，而且許多州已經準備了鑑定資優生的準則，其中還包含了美術資優生的鑑定準則。這些指導準則中大多建議使用多元標準系統並包含各種推薦表格、檢核表及其他參考資料的說明和範例。不過，對於有效而又充分的美術資優學生鑑定，仍然有許多限制。雖然已經從單一的鑑定工具發展到多元標準系統的使用，但是決定採用哪種評量方式往往只依據簡單的思索。目前尚無引用有關這些測量的交互關係之研究發現而被認同的標準；因此強力建議採用一套多元鑑定程序。當前使用的程序或階段性的建議需

要客觀的驗證，並且以最近的研究發現和全國各地美術資優課程成功的報告做參考。

　　下列建議引自我們有關美術資優學生鑑定的議題和實務的探討（Clark & Zimmerman, 1992）。在每項建議中也針對未來的研究提出簡要的討論和建議。

建議 1　建議將「美術資優」（artistically talented）這個專有名詞用於與鑑定相關的研究及實務和美術資賦優異學生的教育。其用意是藝術才能應該是多面向的，它強調認知能力的複雜性、情感表現的張力、專業技巧，以及對藝術高度興趣和動機。

建議 2　藝術才能，就如學習成就一樣，應該被認為是常態分配的，藝術能力發展程度極高和極低的學生為少數，大多數的學生可能被鑑定為一般的藝術能力，我們接受美術程度是呈現常態分配的事實，並據此導引出新的且實質上有所不同的鑑定標準與程序。透過這些新的鑑定標準與程序，具有美術才能的學生就能從一般學生中被鑑別出來。

建議 3　有些研究者支持創造力測驗對於鑑定美術資優學生是有用的，但也有其他學者質疑。我們有必要去分析以往關於創造力的研究，並導引有關創造力概念和操作的定義，以及它與鑑定藝術才能的關係的新研究。

建議 4　美術資優學生的鑑定應以謹慎注意學童之潛能與發展中的作品及最後的產品為依據。研究者須發展鑑別美術資優學生的新方法，並透過學習過程與作品的觀察，評估這些學生所展現的技巧、認知能力、情感表現的能力。

建議 5　我們建議使用克拉克繪畫能力測驗來評量美術資優學生的繪畫能力，但為了符合一般應用上的需要，研究者仍需要配合不同年級的各種不

同受測對象而採用有效的替代方案，如參考學習過程檔案資料、作品範例、生平事蹟。地方性的申請程序也同樣採用省效的替代方案，例如那些已參與 ARTS 計畫的學校應該建立繪畫或拼貼等平面藝術方面的鑑定方式，以及雕刻和陶藝等三度空間藝術的鑑定方式。

建議 6 學生的背景、性格、價值觀與年紀等因素都應納入鑑定美術資優學生的考量範圍。所有學生在興趣、學習風格、學習速度、動機、工作習慣和性格上都有所差異。當學生的藝術才能浮現時，也因為他們的種族特性、性別、經濟背景、社會階級和年齡的差異而有所不同。這些特性都是藝術資優學生鑑定計畫應該研究的項目。

建議 7 在所有支持美術才能發展的鑑定計畫上，建議使用多元標準鑑定系統。使用時，應包含多種不同的鑑定工具與步驟，避免僅僅使用一或兩種相似的方法。雖然目前已經有所改善，由使用單一鑑定工具進步到多元標準鑑定系統的使用，但是決定採用哪種評量方式、什麼標準比較合適，以及所採用的這些方式的相互關係，尚須加以研究與多面向探討。

學生的特質

ଔ 圖 3.1　這是印第安那大學夏令藝術學院的一位七年級生所
　　　　畫的自畫像,是一幅感覺敏銳的的作品

被鑑定為擁有藝術才能的學生之特質可以從許多較有利的角度去探究，因此，符合藝術資賦優異和才能優異的學生所需要的相關課程是可以預作規劃與發展的。本章所探討的資優概念得自參加學科與夏令藝術課程的學生。最先描述的內容是有關學生被標記為資賦優異和才能優異之後的反應。其次，描述藝術資賦優異和才能優異的學生的自我觀點、家庭觀點與住家環境、學校與藝術學習，以及參加夏令藝術課程的反應。另有獨立出來的一部分，那就是比較女藝術資賦優異和才能優異的學生與男藝術資賦優異和才能優異的學生的感知能力（perceptions）與生活狀況。然後針對教育機會對藝術才能發展的影響進行討論。最後，以學生的特性為依據，提出如何教導有美術才能的學生的相關建議。

對資賦優異和才能優異學生標籤效應的應有認知

儘管許多研究者已經密集探究身心障礙兒童的標籤效應，但到目前為止研究資賦優異和才能優異學生標籤效應者仍很少。其相關問題如Becker（1964）所提的建議：任何人被貼標籤後，標籤效應就會發生在被加標籤者的身上，而在什麼環境下標籤可以成功的加以應用，便必須在資優教育方面多用心研究。類別和標籤會形成一股力量導引提供有效的服務、機會、課程給特殊兒童，這是別處不可能為他們辦到的事。標籤有利於立法和提供組織滿足他們所需要的課程架構。

1960年代裡，有些研究已開始關心資優學生的必要性。Weiner和O'Shea（1963）發展資優學生的問卷調查和態度量表，其有助於大學教職員、學生、行政人員、督導者和教師了解資優學生。督導人員最稱讚此問卷調查和態度量表，而行政人員、大學教職員、教師及研究生也大都如此。隨後的研究，Weiner（1968）發現學校心理學者和心理測驗學者也都樂於建立資優學生的研究計畫。

　　B. Clark（1979）曾討論「資賦優異」標籤所可能產生的曖昧問題。曾有多次，被套上資優標籤的學生——不論他們是否每個科目都很優秀——都被安置於所有的加速進度的課程裡學習。她強調那些標籤造成人們對他們的高度期待，如果學生們都藉由此一標籤而取得更好的教育機會，也應該顧及標籤的負面效應，並避免弊端的發生。

　　許多著書者推測資賦優異標籤可能對學生造成負面影響。也有其他人提到被貼上具有高智力標籤的學生，常被認為有名過其實之嫌，因此資優學生常被人投以懷疑的眼光，或對他們產生敵意。Sandborn（1979）認為許多資優學生的表現名不符實，往往只是個分類的專有名詞而缺乏個人被冠上資優的實質意義。Zaffrann（1978）曾提到資賦優異這個名詞常被界定為超乎常態，因此被孤立、被視為無聊、引發憤慨的問題常歸咎於帶有此一標籤的學生。

資優標籤效應

　　針對藝術特殊才能學生標籤效應的研究很有限，而關於學科資優學生的研究發現沒有必要應用到美術資優學生標籤效應所發現的問題上。較之學科資優的標籤效應，藝術才能資優學生所受的影響層面完全不同。

　　因此，決定以參加藝術與學術夏令課程計畫的學生作為研究資優概念的基礎，包括回憶和詮釋他們最初標籤效應上的經驗，以及他們對其他人標籤效應互動上的認知（Guskin et al., 1986）。雖然理論尚未發展到所謂的資優兒童社會心理學，但與理論構想相平行的知識體已經在身心障礙學生的社會心理學裡逐步成形（Guskin, 1978）。較廣泛被使用的架構之一是貼標籤理論。

　　當應用於資賦優異和才能優異的學生時，標籤理論暗示其他人的反應可能不同於被貼資優標籤的人；標籤效應可能產生某種行為和經驗類型，這些行為和經驗能導向不可逆轉的生活型態，很不同於其他未被貼標籤的人。將許多假定擺在一邊不談，標籤理論在本研究的描述中提供一個有用

的提問架構：

1. 兒童最初被鑑定為資優是在何時？
2. 什麼原因導引兒童認為自己是資優者？
3. 兒童從資優標籤引出什麼意涵？
4. 當兒童被標明為資優時，他們對未來的期望是否改變？
5. 他們的生活在加上資優標籤後有何改變？
6. 其他人的父母或同儕對被貼上標籤的兒童的態度有不同嗎？
7. 他們自認為自己與別人不同嗎？
8. 他們預期自己的未來與他們的同儕不同嗎？

研究方法

參加者是印第安那大學夏令藝術學院的四十七位學生和二百四十八位資優青年學院的學生。所有學生都是秋季升上六至十年級，年紀 9 至 15 歲。44%（一百二十九位）是女生，56%（一百六十六位）是男生。兩群體均在校園宿舍住宿兩星期。這個資優青年學院是為學科資優學生而設計，而夏令藝術學院則為藝術資優學生而設計。下列的指引係由這兩個課程計畫所提供，學生由學校人員和家長同意參加其中一個課程。

資料蒐集和分析

十四位學生經過面談而優先參與這兩個夏令課程中的一個，問卷調查則依據他們的回應去發展。隨後將問卷調查用於參加夏令課程的所有學生（二百九十五人）。二十道開放性問題裡均有對標籤的自我描述檢核表（例如「聰明」、「有才能」、「具創造力」等等），和三個附有三十五個題項的評分表（分別為「典型的學科資優少年」、「典型的藝術資優少年」、「你本人」）均被使用。這二十道開放性問題的回答均用內容分析程序和內容信度分析分類並分別加以編碼。自我描述檢核表和評分表的答案

次數分配均分別得自學科資優與藝術資優兩群體。卡方測驗（Chi-square tests）均用來決定群體差異的意義。

研究的成果

回答自我描述檢核表的用字和成語顯示大多數的學科資優學生或藝術資優學生均選擇描述自己「品學兼優」（88.5%）、「富想像力」（80.4%）、「富創造力」（79.7%）、「機警敏捷的」（79.0%）、「有才能的」（74.5%）、「有才智的」（71.0%）、「有成就的」（65.4%）、「有天賦的」（64.3%）。只有少部分選「中等的」（22.7%）、「才華橫溢的」（22.6%）、「傑出的」（28.7%）。幾乎有半數形容自己「擅長於藝術」（45.8%）或「特出的」（53.1%）。兩群體之間唯一有顯著差異的是學科資優學生在「有成就的」選項顯著多於藝術資優學生（69.0% 對 45.5%），以及藝術資優學生在「中等的」（40.9% 對 19.4%）、「擅長於藝術」（81.8% 對 39.3%）兩項顯著多於學科資優學生。

在三個評分等級表上，學生用三十五個引自文獻和面談的形容詞和片語以表示贊同或不贊同來描述「典型的學科資優少年」、「典型的藝術資優少年」和「你本人」。其中最少有三分之二受試者表示贊同或不贊同，用詞普遍屬於常見者。所得結論告訴我們，這固定的兩群樣本在自我描述上均高度的、正向的彼此相似。選贊同者包括「自信的」、「喜愛挑戰」、「有熱忱的」、「有競爭力的」、「天生才能的」、「敏感的」、「充滿生命力的」、「受歡迎的」、「易於交朋友的」；選不贊同者的用詞為「對學校不感興趣的」、「不成熟」、「不喜愛人多」、「好妒嫉的」、「好自誇的」、「引人注目的」、「自作聰明的」、「高傲的」、「煩擾教師的」。因此，接受的名詞一致正向，拒絕的名詞一致負向。學科資優學生比較可能被認為是自學、得高分、是領導者，而藝術資優學生被視為易交朋友、有吸引力，而不像整天用功讀書的人。自我描述包括好運動、有吸引力、易於交朋友、得高分。兩群的自我描述均否認整天讀書的刻板印象。

學生回答二十個開放性問題，其中有關他們對資優與才能的意見以及他們個人有關標籤效應的經驗均得以徹底調查。他們被問到有關資優的決定因素問題。當他們被問到「任何人都能取得特殊能力和技巧？」時，65% 回答「是的」；三分之一回答每個人都有特殊能力和才藝；半數學生認為假如任何人均能獲得開導、肯努力去做、去研究，或運用他們的能力，都能成為有特殊能力和特殊技巧的人。他們不認為一個人需要生來就具有天賦和才能。當被問到「為何有些人有特殊能力和技巧？」時，44%提到獲得啟發、肯努力、肯勤練，或願意花時間學習；而 23% 認為是天生的能力。強調努力工作、有動機、勤練習的人占受訪者多數。「一個有特殊能力的人能有傑出成就必須做到什麼？」通常這些學生認為除了努力發展他們的技巧和能力外，不認為資優者與其他人間有明顯不同的地方。

受訪對象也被問：「人們因為你的能力而另眼相待嗎？」超過三分之一（35%）回答「沒有」。至於回答所受到的不同對待包含「受到高度期待與要求」（14%）、「受到一般的好對待」（11%）、「受到鼓勵和支持」（8%）、「受到讚美或引以自豪」（7%）。這些結果和其他曾暗示極少有關資優標籤的負面反應之研究者（Ford, 1978; Lutz & Lutz, 1980）的發現是一致的，而與資優學生常面臨被排斥的推測不同（例如 Sandborn, 1979）。

研究的討論與結論

本研究的發現指出這些學生具有他們自己高度偏好的觀點，而這些觀點通常也是資優生的共通現象。他們相信天賦與才能可透過努力而獲得，而且資優生和其他學生並沒有很大的差異。他們認為自己沒有受到不同待遇或較多的關愛，只有少數人表示從同儕那兒得到負面的反應。

這些發現中有關標籤理論應用於學科資優與藝術才能特出學生的建議有哪些呢？資優標籤被視為混雜的祝福，與高地位相關聯——尤其在家長和教師的心目中。就像任一不同的標籤或類別，它包含被隔離於同儕之外的冒險性，因此，這些學生很樂意看待自己是群體的一份子，他們不希望

被認為傑出或和其他人有很大的不同。他們希望資優是自己努力得來的成果，而不是永遠不變的。雖然他們不說出負面的效應，但是他們似乎很了解假如他們被套上「精英」份子的頭銜時，就有可能被排斥。因此，本研究證實標籤理論的應用對於界定資優學生的研究問題和建議是：在學校裡資優標籤並沒有負面的效應。

本研究焦點是比較和對比學生針對學科和藝能科被鑑定為資優生後的標籤效應。就主導此一研究的結果，我們決定更深一層地研究夏令藝術學院的學生。此一主題的參考文獻缺乏，尤其是與國中和高中年齡學生有關者。

參與特殊課程的美術資優學生的特質

雖然可找得到有關視覺藝術資優學生特質的資訊，但所發現的往往讓人感到困惑，因為它們產生於不同時代、使用不同的方法學，且強調擴散性的研究問題。心理學和藝術教育的研究者已經採取在年輕藝術學生或藝術家生涯早期進行訪談以取得他們早年回憶的往事資料。Getzels 和 Csikszentmihalyi（1976）曾分別於大學美術專業學生在學及畢業離校後，訪談這些青年藝術家。他們企圖建構將藝術帶入社會的一套模式，並回答如何成為藝術家和創作問題的發現者。Bloom 和他的研究夥伴（1985）透過與訪談對象、他們的手足和家長面談驗證他們 35 歲之前獲得高成就的歷程。他們包含兩個藝術群體，一是音樂會的鋼琴家和雕刻家，以及其他領域的高成就者。Bloom 認為他們所需要的訊息可以穩當地從這些選定領域的高成就者的回顧記述中取得。

為數不多的研究者曾經透過面談年輕藝術資優學生獲取這些學生感知與生活狀況的相關資訊。Chetelat（1982）曾面談六位藝術資優學生，用以辨明他們在個人特質以及生活和學習環境的類似性與差異性；他也研究六位卓越藝術家的童年經驗，以記錄他們自傳式的描述。運用面談和開放

式問卷調查，Guskin 等人（1986）曾面談藝術資優學生與學科資優學生，以了解他們如何看待自己和敘述自己的能力。Taylor（1986）面談藝術資優學生以判定他們如何發展一個或多樣藝術表現形式，和鑑別與強調藝術目標。

與藝術資優學生面談

在心理學與教育方面，學術研究者運用「面談法」研究藝術資優生的生活情況，已經提供應用於許多不同的情境。我們決定在印第安那大學夏令藝術學院（Indiana University Summer Arts Institute, IUSAI）裡與學生面談。訪談的主題分為早期藝術才能、成人和同儕的鼓勵、在家庭中的地位、未來期望、童年時期熱愛閱讀的藝術書籍、學校教育，以及藝術感知能力等等（Clark & Zimmerman, 1988b）。雖然 Bloom（1985）的研究尚含括藝術資優生的專業學習成就，Getzels 和 Csikszentmihalyi（1976）的研究對象是大專院校學生，但我們相信這些受訪者的國中往事可能只在程度上有所差異，而不是在訪談項目上有差異。

此一研究的結果將與本文所引述的其他研究者的發現作一比較，以利擴大知識效益，並建立引導人們了解藝術資優生的基礎。教師和其他工作同仁有必要了解藝術資優生與其他學生的差異，以利於鑑別他們，並配合他們的需要提供適當的服務。

研究方法

夏令藝術學院是本項研究的活動場域，參加者是被學校教師或其他教職員推薦參加 1986 至 1987 年夏季研習會的二十位美術資優學生。我們對於研究國際學生與美國學生之間的差異與類似性感到興趣，所面談的學生中，有三分之一出生於美國境外，然而他們只代表全體學員的 9%。來自美國的學生都是隨機選出且經過面談後自願參加。

　　所有接受面談的學生都是剛升上七到十一年級的學生，年齡介於 13 至 17 歲之間。在所有參加 1986 年至 1987 年夏季研習會的一百一十二位學生中，有二十位學生被約談。雖然男女均代表全體學生的 50%，但十二位是女性（60%），八位是男性（40%）。雖然他們多數是來自印第安那州，但五位來自其他州，三位來自國外，七位住美國不超過三年，八位學生來自巴西、韓國、馬來西亞、紐西蘭、新加坡、西班牙、台灣和越南。三分之一學生參加研習，而三分之一的面談接受經費贊助。來自美國的十二位學生中，八位來自人口少於 50,000 的社區，兩位來自 50,000 至 100,000 人口之間的社區，而兩位則是來自超過 100,000 人口的大城市。所有的國際學生都是來自他們國家的大城市。受訪學生家庭的兒童數從一位至十四位，平均是 6.92 位；然而，此一數據是有偏差的，因為有三位學生來自人口數龐大的家庭。大多數學生來自一至三位小孩的家庭，而只有一位是獨生子。80% 的學生是家中的老大或老么。

資料蒐集和分析

　　我們在課外時間進行面談。面談持續一個半小時到兩個小時，有錄音和文字記錄。面談者對於國際學生和美國學生之間的類似性與差異性都感到很好奇。我們擬訂的面談內容包括九類，雖然我們依據學生的反應決定對談的內容，但是原則上我們安排每人三到六個問題，用以導引面談活動。所有類別的問題都可能問學生，但不需要依照相同的順序提問。

　　內容的分析描述依 Mostyn（1985）已密集分析非結構性的開放性研究材料，其結果從「依其本質的間接問題，對回答者的答案儘可能少加約束」而來（p. 115）。Mostyn 主張在質的研究裡，假如樣本少的話，通常面談時間可能多於一小時，受訪者以一般的架構回答問題，而其目標是以先前的資料為基礎擴展知識的取得。結果的分析和最後的報告以了解學生的態度和行為。

研究的成果

從訪談資料分析後產生的大類別，標記分類如下：

1. 學生的自我觀點。
2. 家庭和住家環境的觀點。
3. 學校和藝術研究的觀點。
4. 夏令藝術學院研習的觀點。

自我觀點　大多數學生記憶中，對藝術感興趣是始於學前或小學時期，有些是很小就開始畫幻想畫和寫實畫：「當我很小的時候，我喜愛速寫。記得從小就在畫畫，但我記得的圖畫是 4 歲畫的。它是畫在方格子裡，畫的是一戶人家、一個地獄、一處天堂。」大部分的學生記得特定的人物和事件，當時正是剛開始對藝術感興趣：「我爸爸有一個朋友是畫家，他製作了一本書給我。那本書非常好，我永遠記得這件事，我從那本書找到許多畫圖題材。」

男孩比女孩更喜愛陳述對發展技巧的關注，而不描述藝術創作的表現理由：「當我畫畫時……我專心作畫，注視畫裡的不同線條、形狀、它看起來像什麼、在不同的位置看又如何，然後我作畫。」女孩比男孩喜愛從情感的需要談起，然後談如何透過技巧的學習表現自己：「當我心情愉快及心情煩亂時，我總是用很多的黑色。我的意思是色彩通常是黑暗的，而且是枯燥無味的，幾乎樣樣皆如此。」

男孩和女孩都描述他們最喜愛的題材是他們曾經觀察過的物體和地點，依序為風景、人物、幻想的地點。最常使用的媒材是鉛筆，因為他們使用鉛筆的經驗最豐富，而且鉛筆既便宜又容易達到表現效果。有五位學生表示他們喜愛寫實的描繪；他們不模仿但以插畫當參考資料。另外有五位學生提到他們年幼時模仿漫畫書，而現在仍然從插畫中找靈感：「當我正準備畫我自己的人物和物品時，我就會往我的小房間去，因為我在那兒存放許多書，而且沒有兩本相同的書，在那我還有許多零零碎碎的東

∽ 圖 3.2　參加印第安那大學夏令藝術學院的一位八年級學生在視覺圖畫故事課所畫
　　　　 的超人素描，這幅畫驗證漫畫書常影響藝術才能的發展

西。」

大多數的學生認為他們自己很好，能力也很好，而且能接受批評以改善自己的工作：「我不介意被批評，也就是說你必須接受批評，你不可能一生中樣樣都做得正確。我才 15 歲，我還有很多事要學習。」有些學生表達他們將來有志當卡通藝術家、畫家、室內裝潢師，或朝廣告業發展。女生想當藝術家的人數比男生多，雖然有三位女孩提到來自家庭要她們結婚建立家庭、要她們把藝術當業餘興趣的壓力：「從小我就知道我要當藝術家。你知道，當其他孩子說：『我要當太空人』時，我還是要當藝術家，而我的父母親總是認為我可能是看太多電影。」

家庭和住家環境的觀點　大多數學生（70%）報告說他們的作品常受到父親、母親或雙親的激勵。15% 提到家裡的其他人鼓勵他們，其中三位學生（15%）說沒有家人鼓勵或支持他們的藝術興趣；這些發現在男女生之間並沒有差異。只有三位家長和一位手足被提及曾研究藝術或把製作藝術品當作自己的嗜好。有十位學生（50%）提到他們的朋友之中沒有藝術愛好者，而有五位（25%）提到他們的朋友之中有藝術愛好者。

有十三位學生（65%）說他們在家裡有地方可以創作藝術品；其他七位（35%）則沒有。那些提到在家創作藝術品的學生並沒有特殊設備可用：「當我在臥房裡創作藝術品時，我喜愛安靜，而且把所有事情拋開。我平躺於地板上、床上或任何可以用來作畫的地方。」在十八位作答的學生當中，有十二位（60%）曾在家畫過漫畫或野生生物的畫。美國學生傾向於住在自己家鄉，而且不曾離家遠遊。大多數的國際學生曾多次搬家，而且曾旅遊過一個或一個以上的國家。有一個美國學生說：「我曾旅行，但只到過我們國家的北卡羅來納州。我真正想看的地方是 Chicago 和 Manhattan。」

學校和藝術研究的觀點　許多從鄉村地區來的學生說學校只提供他們參與社團活動：「在學校的第一學期我真的很喜愛參加。我很高興看到許多

朋友；我住鄉村外。暑假期間，我真的見不到朋友。」然而，大多數提到在學校很難找到同樣喜愛藝術的朋友：「我在學校裡沒有一個同好的團體。」

有十五位（75%）學生在他們的學校裡選修藝術課，有五位（25%）說他們為了完成學期中的課程，壓力大，沒時間選修藝術課：「我在高中讀書，目前沒上藝術課，但以前曾上藝術課，那是一門選修課，而且我必須選一門外國語文。」大多數的學生說他們在校外上藝術課；有八位上藝術課，四位參加表演藝術課；這些學生中，男女學生的人數相同。國際學生傾向於私底下跟重視技巧和科技的教師學習，大多數美國學生則參加在大學或美術館裡強調創造性自我表現的群體課。

近乎半數學生提到得獎的衝擊效應有助於維持他們的興趣，並有助於從家長那兒獲得支持：「自從我的畫在展覽中得獎之後，我的媽媽開始找老師教我，因為我要畫畫。」得獎的負面觀點也被提到，包含永久依附於得獎風格的效應、得獎者與非得獎者之間所產生的緊張狀態，以及對比賽評審觀點的認知缺乏。「我得過獎，因此我想到以前所作的東西，而那些東西就是我經常畫的」。

所有的學生都表示其成績優異，而且他們所喜愛的科目大多數是科學、英文、歷史或數學，少數國際學生提到他們不喜愛學英文（屬於他們的外國語文）。典型的成績都是得高分，男女生都一樣，大多數得 A 或 B。「我喜愛藝術和生物。我認為將它們結合一定很好。動物的細胞和所有相近似的東西都是我喜愛的」。「我的在學平均成績 4.0。我喜愛歷史和代數，因為我喜歡與數字和原物料為伍。我喜愛它們的一切」。

對一般藝術教師的三個典型印象：一種是受愛戴但沒有挑戰性；一種是具挑戰性但偏於過度強調或支持學生的造詣；第三種是受愛戴但不提供引導學生如何取得成功的教學。「我厭惡說我每天所作所為都很好。我知道所做的作品並不完美，但她喜愛說『做得很好』。我從未滿足於我的作品」。「我努力創作而且全力以赴，但她常說我能做得更好但不告訴我怎麼做」。曾住其他國家的學生說他們的藝術課人多，課程一向只強調技巧，

以作業本的指定作業為基礎，既受太多限制又過於嚴苛。他們也說他們必須通過藝術與藝術史的考試。

夏令藝術學院研習的觀點　大多數的學生發現在學院任教的教師：
1. 激發他們學習比學校正規教學更多的藝術知能。
2. 教他們運用新的媒材。
3. 促使他們思考要做些什麼。
4. 使他們觀察得更仔細、更正確。
5. 教他們考量如何透過技巧的謹慎運用表達他們自己。

「我不會畫……他說我注視著眼前的東西覺得它像什麼，並在腦海裡畫出我所覺得的樣子。一旦我學到這點，我全都會畫了。」

 C8 圖 3.3　印第安那大學夏令藝術學院六年級學生所畫的水墨畫，這幅畫結合多元而又複雜的觀點，同一時間聚合應用於那位擺出姿勢的人物身上

　　大部分的學生都表示很愉快能與具有同樣興趣、同樣能力的夥伴在一起學習:「真有趣,因為這裡有許多人『在學校裡並不是真的對藝術感興趣』的想法和我們一樣。」大多數學生喜愛體驗高難度的學習,感覺到自己比平常在學校課堂裡學得更好,而且比以前了解得更多。

　　大多數人表示在課堂外的自由交談是件愉快的事,他們彼此分享各自的想法,也互相評論作品的優劣:「有一件事是我們每個人都能盡情體驗自己想要做的事。我覺得我自己獨自創作就能做更多,而且我的作品將變得更好。」許多學生表示互相理解他們自己所學得的知能,並且運用新技巧和表達的工具:「有時候,我們已站著連續畫了兩小時,覺得有些累而且每個人都變得急躁。後來,你想了一下就又清醒了。」

　　大部分的學生表示他們四周的其他學生都與自己能力相當或優於自己,因而他們必須努力做好以符合老師的期望,有時候勉強放棄他們自己的風格或改變他們的方法去創作藝術品,因為他們已從過去的這些事得到獎賞:「學院研習並不如我期望的那麼好。我不習慣用這種方式作畫。我喜歡自己的風格,我不要以不同的風格強加於自己的風格上。」

　　大部分的學生提到他們的小班教學較能激勵溝通和教學:「在印第安那大學夏令藝術學院裡只有十三位學生。我們真的較能集體行動,假如班級太大,你無法了解每一個人。」新經驗對於大多數學生而言,都是很值得懷念的事——例如參觀美術館、聽美術史演講,或參觀美術商店:「我沉浸在欣賞每一件事。去逛美術商店。那是我第一次走入真正的美術商店。至於參觀藝術家工作室,那是一種真實的體驗。」

研究的討論與結論

　　在此一研究中的大多數學生都是因為他們具有才能、想增進他們的能力,以及省思他們在藝術的角色而被找來參加研習的。許多學生知道自己在藝術方面擁有不尋常的興趣和能力,而且有自己偏愛的觀點,也是一般學生中具有藝術才能者,與 Guskin 等人(1986)所研究的對象一樣。

Bloom（1985）和 Chetelat（1982）也發現具有藝術才能的學生找尋藝術製作經驗所得到的益處。雖然 Getzels 和 Csikszentmihalyi（1976）報告中提到情感的危機是藝術創作的激勵物，學生在研習過程中曾談到受愉悅經驗的刺激而作畫，但不表示他們是用藝術抒發情感。然而，描述他們將藝術創作當作自我表現工具甚於培養方法與技巧的女生比男生多。

Getzels 和 Csikszentmihalyi（1976）的發現與本研究相同：

1. 具有藝術才能的年輕人汲取許多相同的圖像（卡通和漫畫書裡的英雄人物），此與其他同樣年紀的人一樣。

2. 他們的畫在他們的課堂裡所受到的讚美比其他學生多。

3. 他們投注許多時間在繪畫上。

4. 他們記得從 6 至 8 歲之間的畫。

這些發現與 Chetelat（1982）的發現並不一致，Chetelat 在他的研究對象中發現高度偏好獨自作畫的現象。印第安那大學夏令藝術學院裡的學生幾乎全都平均地區分為「偏好單獨作畫」與「在群體中或與其他學生一起作畫」。

本研究裡，多數學生家庭鼓勵他們保持藝術的興趣──縱使他們沒有藝術背景也沒有廣闊的閱歷。只有少數學生有對藝術感興趣的朋友，但他們仍然繼續維持參與藝術活動。在 Bloom（1985）和 Chetelat（1982）的報告中，提到來自父母親的強力支持和鼓勵與本研究中接受實驗的對象所受到的支持是一樣的。來自其他研究者與此相抵觸的發現是年輕藝術學生經常只得自母親的鼓勵支持，而在他們的記憶中，父親則是冷眼對待。

Bloom（1985）提到資優學生家長的教育程度、工作類型、經濟水準、偏好和活動差異很大。在本研究裡，學生的答覆證明了這相似的發現。Bloom 的報告中所說的家庭（home）重視音樂和藝術；但本研究的受訪者少有這樣的機會。Chetelat 的報告是所有的受訪者對於看書很感興趣，而且受到書裡的插圖刺激；而本研究只有少數受訪者回想在家有插畫的書，雖然有少數人提到蒐集漫畫書和他們自己的圖畫。

　　大部分的學生報告說他們的學校提供社團活動，雖然他們沒有許多同樣興趣的朋友。許多人到校外學習藝術，並了解得獎的正負面效應。幾乎所有學生都有優異的成績，並且很喜歡學校，雖然他們常表示需要更嚴格和支持性的教學，但在他們的回憶中美術老師都有鼓勵他們。學生記憶中的美術老師差異很大；雖然很多人懷念那些值得感激又常勉勵他們的教師，但並不是所有人對他們美術教師的回憶都是正面的。本研究裡，展示他們的藝術作品、參加藝術俱樂部或獎賞特殊成就已導引並激發他們繼續製作藝術。

　　本研究裡的所有學生正向回應學校教育而且大多數學科表現都很優秀。記憶中的美術教師就如 Bloom（1985）描述：早期的教師是兒童中心、善用認同和讚美、使學生嘗到初學的喜悅和心懷感激。參加大學夏令藝術學院研習的學生了解他們需要激勵和教他們獲得高層次的能力。於此，他們期盼他們遇到的是能了解藝術資優學生的優秀教師。這些老師要有高成就和熱忱專注於他們的才能領域，Bloom 認為優良的師資與藝術才能發展同樣重要。

　　我們 IUSAI 研習的學生承認學院與在學校的一般班級之間差異很大。他們喜歡和自己志趣相投的同學在一起，他們也被其他具有同樣能力的學生欣賞與刺激。他們變得更能意識到並客觀判斷自己的能力，而且在研習過程中，有效運用許多大學設備使他們獲益良多。高才能的學生能透過自己所接觸到的原創藝術作品而取得改變自己生活的發啟性經驗。本研究裡的學生以前不曾參觀美術館、參加音樂會，或參觀藝術家的工作室但報告了相似的經驗。從本研究的發現加以分析，足以證明或引發過去藝術資優教育相關研究所發現的問題。

藝術資優女學生的美術教育

　　1986 那年，當我們訪談藝術資優學生的感知能力、他們的家庭 ，以

及學校教育時，並未強調性別差異；然而，我們注意到男孩和女孩所探尋的主題方向有些差異。例如，女孩以藝術品作為實現情感需求，然後學習技巧以達到自我表現；男孩則著重技巧、特別關心技巧的精進。於是，我們在夏令藝術學院裡，另外進行有關女藝術資優學生感知能力的研究（Clark & Zimmerman, 1988b）。

影響因素

藝術教育性別主義的鑑別與分析已經是女性主義藝術教育者關心的議題。這些藝術教育者已經建議研究藝術相關的學生學習的性別差異以及性別歧視的文獻資料，包括藝術內容、教室實務、美術教師的地位，以及公立學校的藝術課程。此一研究的目的是要對照和比較引自多項研究探討的發現（Kerr, 1987; Reis, 1987; Silverman, 1986）有關學科資優女生的理解力和生活狀況，以及有關藝術資優女生的類似議題。另外，性別差異的比較是以運用原先 IUSAI 的發現（Zimmerman, 1994/95）。

研究方法

印第安那大學夏令藝術學院是為 Zimmerman 進行本研究而設置的。參加者都是由他們的藝術教師或學校員工依據主辦單位所訂定的準則推薦來的。七位男孩和十二位女孩都參加同一繪畫班；下一學期他們正要升上七至十一年級。平均年級為男生 9.3 年級，而女生為 8.8 年級。所有接受面談的學生都來自印第安那州；十四位來自農業區的小鎮，五位來自較大的社區。

資料蒐集和分析

研習的第一星期裡，我們在課堂外與輔導主任在一起進行面談活動。

這些面談活動持續一個半小時到兩個小時,先錄音然後轉為文字記錄。一套面談指南(不是為區分性別差異而設計)用於前一個夏天,也用於這個研究。面談協議書包含九大類關於藝術才能發展、成人與同儕的鼓勵、家長的職業、未來的期望、做藝術品的興趣、在家裡的地位、藝術家通曉度、學校教育和藝術能力、教師,和參加研習。這個協議書用於引導面談,雖然學生的回答決定每一類的診斷。每個由學生回答的答案而來的相關概念,是用學生自己的話做記錄並依主題和學生的性別做分類。大的類別標示為:(1) 學生的自我觀點;(2) 家庭和住家環境的觀點;(3) 學校和藝術研究的觀點。

研究的成果

研究成果包含受訪者兄弟姊妹和他們家長的職業。他們家庭的子女人數從一個小孩到七個小孩,女孩的家庭平均有 3.2 個小孩,男孩的家庭平均有 3.7 個小孩。超過半數的受訪者是家庭中年紀最小者(58% 的女孩和 57% 的男孩)。家長的職業分布很廣,包括行政主管、行政人員、經理人、手工藝業者、維修人員、勞工以及服務業等行業。

自我觀點　大多數學生記得自己在學齡前或在小學時變得喜愛藝術。回想以前的藝術活動是素描、指畫、作祝賀卡、製作拼貼,以及使用塑泥。有一女孩說:「我製作彩色書。我們有一間烤爐房,你可以分隔開並在裡頭建構藝術作品,我所用的書加上水就會出現顏色。」

男學生記得小時候創作藝術的經驗;57% 回想用積木、樂高組合玩具、Tinker 玩具或 Lincoln 圓木去建構各種形體。有同樣比例的男生回憶製作怪物的經驗:「我製作 Godzilla 火燒其他 Godzilla……我畫出嘴巴噴火的怪物和被他們破壞的城市。」大多數男孩和只有半數的女孩回想自己很小就擁有藝術才能:「我無法想起我有特殊才能,但我很愛畫畫。」有一男孩回憶說:「在三年級或四年級時,我知道我擅長畫畫,而且其他孩

子要我為他們畫各種東西，到現在仍這麼做。」

有六位女孩（50%）和三位男孩（71%）了解他們顯露的藝術才能並回想起老師和同學們的讚許的重要性，以及獲獎對他們心靈的有利影響。有八位女孩（67%）和三位男孩（43%）記得有特定的人士曾激發他們藝術興趣。有些女孩記得祖父對她們早期的經驗有所鼓勵；其他的支持則來自父親、伯叔父、堂兄弟姊妹及阿姨們。有個女孩回憶說：「當我的祖父繪畫時，我把我的手放在他的手上。他示範如何表現筆觸給我看。」男孩通常較少指明影響他們藝術才能的人，雖然他們曾提到父親、姊妹、堂兄弟姊妹和伯叔父。

比例相當的女孩和男孩（58%）說明他們埋首致力於藝術品以減輕情緒的負擔，例如挫折與意氣消沉。有三個男孩（43%）表示有一種不可抗拒想要作畫的感覺。有一位說：「我猜我是醉心於繪畫；我很晚睡而且疏忽家庭功課，卻忙於畫畫。」沒有女孩表達這個想法，雖然有三位（25%）解釋她們非常有必要使她們的藝術品做得更完美。有一位說：「我的美術老師說我畫得很精確，而且花費太多時間在我的藝術作品上。我過度追求完美而且樣樣要求正確。」

女孩喜愛運用色彩讓所畫的東西看起來很逼真。壓克力顏料、水彩、油彩、粉彩及廣告顏料都是她們喜愛使用的媒材。有一女孩談到：「我使用水彩、油彩、廣告顏料，但避免使用黑色和白色。」所有的男孩偏愛超級英雄和幻想畫，而鉛筆是他們最喜愛的媒材。有一男孩說：「我畫任何反主流的東西……超級英雄、荒誕怪異的、粗暴的。」

60%的女孩覺得她們未能充分與其他學生建立良好互動，且會顧慮其他同學對她們的想法，但是有位女孩說：「我較常將心思放在思考自己正在做的事，而較少花心思去顧慮別人是否喜歡它。」另一女孩解釋說她無法在幻燈片播映時公開講話，因為：「每次我想談一些事卻很怕說錯話被批評，而且每個人都會盯著看我。」71%的男孩很肯定他們自己的藝術能力，而且沒有人覺得自己能力不足。

　　三分之二的女孩和半數的男孩表示他們比較喜愛自己獨自工作，也有許多女孩（25%）覺得她們比較喜愛群體工作：「總是有人看著我，因此我必須把每件事做得很完美。」有四位女孩說她們沒有時間做藝術品因為她們要做家庭功課和其他事務。當問到一位藝術家必須具備什麼條件才能成功時，有一位學生回答：「藝術家需要有自信而且創新他們的作品，要有豐富的想像力、找到自己喜愛而別人也喜愛的事物。」大多數男生（85%）提到實際的必要性和職業的興趣。有一位學生提到：「你必須能當機立斷、善於交際，並且讀過大學又去公司工作。」

　　有半數受訪的女生表達自己熱切期望成為藝術家。其他的學生則預測他們未來的行業是藝術教師、藝術治療師、攝影師或商業藝術家。有一女孩解釋道：「我要當藝術家。當藝術家不需要老闆，因為我不喜歡被老闆使喚。」有六位男生（86%）談到有關對他們工作有保障的藝術生涯規劃，例如：擔任電腦藝術家、商業藝術家、藝術教師、建築工程師或醫學插畫家。男生都顧慮財力的困難；有一位說：「我要成為建築工程師。因為假如你要當個藝術家，你可能賺不到錢。」

家庭和住家環境的觀點　大多數女學生（75%）和男學生（71%）說他們的藝術作品受到媽媽的鼓勵，雖然也有 25% 女學生和 57% 男學生認為受到爸爸的鼓勵。祖父母、兄弟姊妹、鄰居也會鼓勵他們藝術創作。另一方面，大約四分之一的女孩和男孩指出他們的父母親對藝術不感興趣，也不支持他們對藝術的喜好。十位女生（83%）和五位男孩（71%）表明他們有朋友喜愛藝術；有半數的女生表示她們的朋友不喜愛創作藝術品，但是「他們認為我能做出好的藝術品真的很棒」。

學校和藝術研究的觀點　大多數女學生（66%）和男學生（57%）住在鄉村地區，在那兒快快樂樂地上學，找社區內的朋友分享各種樂趣。有一女生說她喜愛學校那種有如家庭一般的氣氛，因為「學校很小，你可以認識每一個人」。另一個女生說：「我喜歡去學校；因為沒有別的地方能取得社

ⓒ圖 3.4　印第安那大學夏令藝術學院的一位六年級女學生所畫的自畫像，她說她喜愛把自己畫得好像一位很有吸引力的年輕女人

交生活經驗。想遇到所有的人，學到很多常識，除了學校以外，沒地方辦得到。」有一男孩抱怨說他的朋友都不是來自他的學校，因為「我去一個鄉下人就讀的學校 他們全都是農人」。

幾乎所有的女生和男生都是好學生而且得到 A 或 B 級成績。女生強調自己是好學生而且與其他人能和睦相處；男孩承認他們得到好成績，但不保證永遠是好學生。有一學生說：「我只在課堂上畫得認真，對於家庭作業卻漫不經心。」半數女孩偏好數學；至於她們所喜愛的其他科目則是藝術、英文、運動、音樂、科學和社會研究。50% 的男孩喜好科學、工業藝術、體育和英文課。

半數女生（50%）和一部分男生（29%）就讀於為美術才能學生成立的特別班。少數學生在高中沒修藝術課，因為學科課程排得太密集。大多數女生（75%）和男生（86%）在校外學習藝術相關課程。有三位女孩無法參加放學後的課程，因為她們必須在家幫忙做她們家的農務。

大多數女生（75%）和男生（71%）表示他們那一地區的美術教師都很認同、激賞、喜愛他們的藝術作品。有兩位女孩和一位男孩報告說他們的藝術教師不曾表現出對任何一位學生有特別的偏愛：「較之於其他同學，她對待我並沒有什麼特出的地方。她不喜歡有差別對待，因此她不曾說不喜歡某人或某事。」有兩女生和兩位男生抱怨說他們的老師要他們遵照特定的標準，藝術作品裡所描繪的內容也不接受某些主題。有一男孩回想他的老師說的話：「我不知道你為何畫這種蠢東西；假如你畫一些美好事物，你可能會成為藝術家。」

自願參加本項研習的女生中，有四分之三表示非常喜歡本項研習。有一女孩承認她不曾參觀美術館或去聆賞音樂演奏，她還說：「我來自小城鎮，不曾真正體驗這些事。」另一女孩了解她沒必要去感受其他人的能力威嚇，她說：「起初我覺得每個人都比我好，但是你必須知道其中的原因很多。有可能是因為他們有較豐富的經驗或年紀較大。」幾乎所有的女孩都表明她們喜歡離開老家；50% 的女孩在參加此一研習之前不曾在外過夜。

研究的討論與結論

本研究裡，文化的定型可從女孩和男孩選擇的主題和媒材看出來，那些主題和媒材是他們記得幼兒時曾使用過的。女孩的活動比男孩來得被動，男孩們會要求主動與他們的環境接合。相較於所有的男孩都知道他們具有特殊才能，只有半數的女孩覺察到她們的藝術能力；她們既沒人提供線索也不去確認她們的藝術能力。

男孩比較愛參與藝術製作活動，其不可抗拒創作的衝動也明顯可見，女生就沒發現這種狀況。男生以藝術作品證明自己能力的感覺比女生強。有四分之一的女生顯現一種追求完美的情結，有 43% 的男孩描述他們的繪畫衝動是出於自發的動機。66% 的女孩覺得自己不如其他學生，證明她們缺乏自信。Reis（1987, 1991）曾描述缺乏自信使得女性成就低落。有些女孩表示她們缺乏時間創作藝術品，因為學校功課繁重，加上男生熬夜完成藝術品。男生在班級裡比較不會顧慮成績的好壞。男生顯得比較獨立，而且較少透過溝通管道獲取好成績。

90% 的男孩和女孩都能講出自己心儀的藝術家；除了 Beatrix Potter，所有被點到的藝術家都是男性，而且多數是老畫家。顯然地，女孩子有必要了解女性藝術家所扮演的積極角色。91% 的女孩對於藝術家該達到的成功有她們自己理想的概念。她們強調人格特徵就是個人的本質，而男孩重視職業技能和執行力。半數的女孩期望未來以藝術家為職志；多數男孩偏愛工作穩定的藝術生涯。女孩明顯比男孩缺乏對未來生涯真實而又務實的計畫。

雖然家長的職業類別廣泛，但 41% 的女孩的媽媽和 42% 的男孩的爸爸具有專門的職業，這表示女孩熱切期待專業成就。Silverman（1986）的研究發現，成功的女人常有積極角色的媽媽作榜樣，她認為成功、有天賦的女人為家中的獨生女或長女。在本研究裡，超過半數的學生是他們家中最年幼的小孩。絕大多數的學生認為母親就和朋友一樣，支持和鼓勵他們從事藝術創作。Silverman（1986）強調父母親和周遭的人士從旁鼓勵

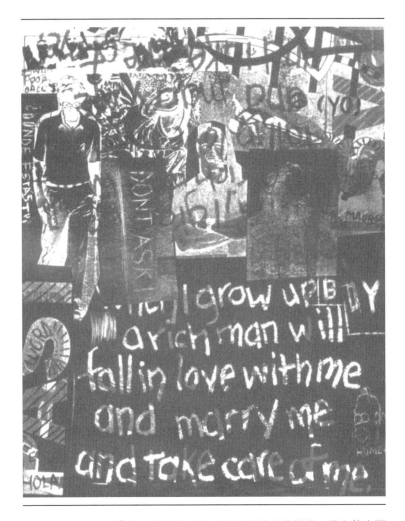

cs 圖 3.5 一幅以「有關於我的一切」為主題的照片拼貼，是印第安那
　　　　 大學夏令藝術學院七年級學生所畫的作品，她把大多數女孩
　　　　 結婚時所想像的未來全都包含在這幅作品裡

他們的女兒的重要性，同時也強調男性支持者與協助者的重要。

　　大多數來自鄉村地區的女孩和男孩發現學校是他們學習和分享社交團
體生活的地方。幾乎所有的學生都在學校裡上過美術課，也有一些學生曾
上過校外的課。由於他們大多數居住鄉村地區，在居住地區所參加的課外

活動都顯示他們獲得雙親的支持。有些女孩報告說她們沒能參加校外課程，因為她們必須留在家裡；男孩子則沒人因為這個原因而失去參加課外活動的機會。

大多數女孩是模範學生，樂於爭取好成績，也受到老師和同學的愛戴。她們證明了 Loeb 和 Jay（1987）所提到的「遵從是取得成就的要件」（a need for achievement through conformity）。男孩子較不喜愛為學校課業過度費心，也較獨立而又有自信心。男女生都依他們對學校科目之好惡找尋自己想上的課。對女生而言，她們最喜愛數學課，但多數男學生都討厭數學。Reis（1987, 1991）曾提出男性具有發展數學與科學的優勢，此一論點造成女性畏於追求數學與科學領域的成功。然而，本研究卻發現此一顧慮不宜刻板地附加於女孩身上。

雖然有少數教師對於學生過於苛求，但學生們都認為藝術教師都樂於支持和鼓勵他們。Kerr（1987）曾表示：女性對於她們自己成年後的生活具有強烈的判斷力和責任感。藝術教師強調遵從有助於未來人生的成功。大多數女孩都樂於體驗離開住家和她們社區的經驗。有些小孩領悟到：雖然他們在自己的學校被認為是最好的藝術家，但他們仍能與超越自己才華和能力的其他學生和樂相處、一同學習，而且不會因為這種經驗而感到害怕。

輔導人員、學生家長、教師和社區委員應該教導這些藝術資優女生學會獨立、賦以他們生活任務、培養自知和自尊心，建立一個無性別刻板印象或負面影響的環境（Reis, 1987）。這對那些一向被灌輸以家庭為重、鼓勵結婚生子、遵循傳統的鄉村地區的聰明、有才華的女孩而言是一大挑戰（Kleinsasser, 1986）。然而，在本研究中，並沒有直接的家庭壓力或阻礙生涯規劃的證明。有個女孩說：「我認為多數像我這種年紀的女孩會說她們所在乎的是男孩、頭髮以及自己的外貌。我認為她們應該努力去做些能發揮自己才華的事。許多女孩並不了解她們自己的才能，或她們只是未關心自己的才能。」

教育機會對藝術資優學生的影響

　　雖然從本章的研究報告中，我們在印第安那大學夏令藝術學院活動中得到很重要的資訊，和許多有關美術資優學生的深刻理解，但是我們缺乏有關學生個人的深層知識和提供給他們的教育機會。顯然，適當地針對美術資優學生個案研究以及他們的教育機會去加以了解，可以提醒我們如何了解學生的特質和藝術才能的發展。

　　已經有許多資優青年藝術家的個案研究，這些個案證明他們具有早熟的視覺藝術能力（Gardner, 1980; Goldsmith, 1992; Golomb, 1992a, 1992b, 1995; Milbrath, 1995; Wilson & Wilson, 1980）。所有的研究都強調早熟青年藝術家從他們幼兒時期到青年時期所完成的自發性藝術作品，或強調他們發展過程的各時段。只有少數個案研究凸顯學校教育和藝術才能發展過程中不同的、有規劃的教育機會的影響（Nelson & Janzen, 1990）。那是個案研究所設定的假設下，認為美術課的早期教育機會能加強和加速青年藝術家才能的發展。

　　Gardner（1980）曾提到一位 16 歲藝術資優青年的自發性繪畫發展的個案研究，他生活於一個有利於藝術學習的環境裡。Gardner 認為正規的教學對於藝術家的發展並沒有很大的影響。Goldsmith（1992）和 Golomb（1992b, 1995）所做的個案研究報告指出，正規的藝術學習課業或直接的藝術經驗被認為有礙於美術資優學生的視覺藝術發展。Sloan 和 Sosniak（1985）研究二十位雕刻家的成就所做的結論是，大學教育之前沒有接受正規藝術教育對於他們的藝術發展與成功並沒有負面的影響。相反地，Wilson 和 Wilson（1980）的研究卻認為充實的藝術學習對於有高能力的藝術資優學生具有正面的效果。他們相信他的教師以較受歡迎的講述模式鼓勵發展才能比只強調美術教學來得有效。Milbrath（1995）在她的美術資優個案研究心得中提到，個案接受有別於一般的藝術教學對於他在高中和大學的藝術創作有正面的影響。

個案研究：以 Eric 為例，探討藝術資優學生的發展

此一個案研究裡，Zimmerman（1992c, 1995）敘述她兒子 Eric 在學前、小學、中學等階段的藝術經驗對於他後來就讀大學的興趣與能力的影響，以及對於他最後選擇與藝術相關職業的影響。就如 Gardner 和 Goldsmith 等學者所研究過的青少年個案一樣，Eric 的家長對藝術有興趣也有能力，而且能培養 Eric 的才能；他同時也得到許多老師的鼓勵，這些老師都鼓勵他發展藝術才能。

研究方法、資料蒐集和分析

Eric 早期自發性的作品（3 至 17 歲）將被用來討論感知能力的品質、使用媒材的技巧和表現力、觀念理解的品質，包括主題、雙關語、不同觀點及隱喻。在加速制和充實制的正式藝術經驗影響下，Eric 近幾年的發展也一併提及。資源包含十五小時的錄影會話紀錄、超過三百五十件作品（包括繪畫、素描、陶藝、雕刻、遊戲設計和學校研究計畫）、藝術品的幻燈片和照片、學校筆記、班級寫作。

內容分析是用於發現他創作的主題，而比較分析則是找出 Eric 的這些主題和他的作品間的相互關聯。個案研究法是強調從資料引申主題的應用。一般認為透過對藝術資優青年的面談有助理解他的圖畫發展，這裡所謂的藝術資優青年是指當我們討論他的藝術品時，這些資優青年心智已夠成熟，但仍未脫離他童年藝術創作風貌。

研究的成果

家庭背景和學校教育文化　從小 Eric 就觀看他雙親製作藝術品、談藝術品、討論藝術教育理論和實務。他是參訪美術館的常客，童年時期常在家裡作畫。Eric 的藝術品得到很多鼓勵和批評，因為他的父母親了解他熱愛

藝術創作,並幫他選擇發展藝術能力和興趣的教育機會。

Eric 四年級時參加了第一個美術班,當時他參加一個為視覺藝術具有高能力和興趣的學生而開設的班。他的第一個課外活動是五年級時與一位私人的藝術教師一起學習。接著,他在剛升上七年級時及隨後的三個暑假參加印第安那大學夏令藝術學院。Eric 在高一時選修進階素描與繪畫課,並在高三時參加印第安那大學夏令繪畫課程。Eric 在地方性高中的學科方面也有優越的表現,並且參加微積分與進階物理等速進課程。此外,他在音樂課程方面也有突出的表現,他在全州性的管弦樂團吹奏豎笛和薩克斯風,經常參與許多巴洛克劇團的合奏、選修印第安那大學藝術課,並參加 Interlochen 國家音樂營。

他畢業於賓州大學,獲藝術學士學位。大三和大四時擔任教學助理,並在美術系教大學部和研究生色彩理論。Eric 隨後在俄亥俄州立大學多媒體藝術學程的高階電腦藝術與設計中心取得碩士學位。他現在擔任他自己公司的創意顧問與遊戲設計師,在許多大學擔任溝通理論和遊戲設計的客座教師。另外,他是紐約市新數位藝術館教育長,而且也是藝術家,其在美國和其他國家展出藝術品和主導研討會。他與其他藝術家合作而得到許多遊戲類獎項。1999 年被《訪談》(*Interview*)雜誌封為三十大「高科技熱門人物」之一(Pandiscio, 1999, p. 150)。

教師的影響

Eric 在公立學校的教師和其他藝術課教師對他藝術創作的影響正面和負面皆有之。他覺得小學的學校環境有助於發展他的興趣,但是他的老師並沒有給他很深刻的印象。中學一、二年級時他並沒參加美術班,但參加國中進階繪畫課。他記得他的老師既無創意也無助於他的藝術學習。他在印第安那大學那一年選的繪畫課對他有正面影響;此時他為達成某些目標而努力奮鬥,奮鬥過程中伴隨的是什麼呢?他描述如下:

我覺得真的有些挫折感。我知道有些事不對勁，但不知道問題在哪兒。我覺得極為不滿意。當我正在畫模特兒時，她糾正我，她用畫刀毀了我的畫，我大發雷霆；她侵犯我的畫。我開始只是為了賭她的氣而畫畫，用更具幾何形態的畫法來誇張表現她對我的建議。突然間一股巨大的情感表露出來。我想如果我成為藝術家，那可能是因為這個經驗所促成的。（Zimmerman, 1995, p. 142）

直到這時期，他未曾了解藝術創作需要計畫、需要透過處理問題或找尋解答進行創作，這一切都需要認知能力和科技設備。有了此一突破性的經驗之後，他認為回到高中美術課時將更能參透他高中美術教師的「陳腔濫調」。然而，他的英文教師運用一種充滿智慧而又有創意的方法去了解和鼓勵他將視覺反應表現在作業裡。明顯可見的例子是他引用莎士比亞戲劇《馬克白》（*Machbeth*）創作視覺故事。Eric 記得這位教師是一位「教他如何客觀、嚴謹地去讀和寫」的教師。

高三那年，Eric 已經有能力在印第安那大學美術系讀半天課，而且毫無困難地適應這些課。他記得有一位美術教師是一位優秀的指導老師，這位教師引導學生去思考成熟的方法，並鼓勵他們去找自己的方向。這位教師幫助 Eric 了解藝術問題並沒有絕對的解決方法，而且評論總是帶有主觀的解讀。Eric 熱愛課程而且很開放地接受任何一位教師提供的協助。他讚賞他們的科技能力與溝通能力，並且做到以客觀的態度去討論他們學生的藝術品。

學校計畫

當 Eric 就讀小學時，創新的教學策略和個別化課程模式支配他所就讀學校的實務運作。學生的個別計畫通常是特定的題目。二年級時，Eric 將戰鬥的構想加入他的藝術作品裡，而鯨魚的主題涵蓋了他三年級的學校

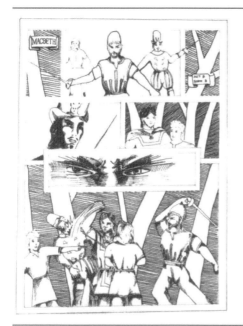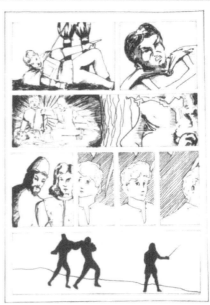

ભ 圖 3.6 一幅取自《馬克白》描繪特定行動和場景的視覺故事畫

作業以及在家所做的自發性藝術作品。在小學裡，Eric 經常選擇做視覺的
闡述多於書寫書面的報告：四年級時，Eric 剪裁圖案作為五本系列書的裝
飾背景；他為每一場景安排角色，角色必須依年代順序排列。這些書都是
幻想故事，而且他的報告都是「電影類的事物，有一點像史詩領域的內
容」。

　　Eric 有很多機會運用他的想像力去回應社會研究作業。五年級時，他
製作一本旅遊小冊，裡頭講的是名叫「聖殿」（Sanctuary）這個幻想王國
裡的生活，描寫「帝國的齷齪」（the armpit of an empire）。這樣的報告是
Eric 喜愛視覺故事的證明，也說明他計畫作業、安排不同要素、運用雙關
語和俏皮話、從事製作產品的能力。為了八年級的科學課，Eric 創作許多
視覺圖像，包括解釋他所創造的風力發電機所作的海報、一個含有超級英
雄戰鬥場景的太陽能報告的圖解、一隻老鼠的精細解剖圖。到了高中，科

cs 圖 3.7　一幅創作於三年級時的「鯨群」素描

目劃分得比較細，而且製作藝術品的變通性隨著課堂作業撰寫報告不再是可供自由選擇了。

遊戲

　　另一類誘發 Eric 興趣並反應到學校作業的學校計畫是遊戲。從他一年級開始，展現強烈興趣於遊戲和遊戲的製作過程；此一興趣持續到大學並堅持到他現在的工作。五年級時，Eric 開創「助消化的遊戲」（The Digestive Game）；這個遊戲結合科學的好奇、幽默、寫作、研究技巧及他的能力去描寫他構思的圖像。那是人體如何消化食物及物體如何由食物變成排泄物離開人體的教學工具。同樣是在五年級時，Eric 和家庭教師（這位教師是一位藝術家）一起研究出版他自己的漫畫書故事。在這位教師的

◌ 圖 3.8 以剪下的人物圖案所作的報告書

引導下，Eric 製作紙卡遊戲（board game），遊戲是描寫中世紀兩個幻想軍團之間的戰爭；這遊戲很複雜，既是視覺化的也是概念式的，是受他喜愛的「地牢和龍」（*Dungeons and Dragons*）遊戲的影響。

視覺故事

　　Eric 也花費了大量時間，不由自主的繪製情節複雜的連續故事。這些都是他最喜愛的圖畫模式，而且被描繪的動作和打鬥場面連續出現。他所創作的視覺故事印證他成長中的動態人物和動物能力的描繪能力，而且他也在連貫的場景中結合許多不同的視覺要素，展現他整體結構的描述能

力。視覺故事畫於 5 歲時，裡頭所畫的太空船展現他對飛航的興趣，而且在他說圖畫故事經過時，常擦拭掉被消滅的太空船。當他讀小學三、四年級時，Eric 的視覺故事是以太空戰爭為主；這種興趣顯現於他小學六年級後參加夏令藝術學院的 Epics 和 Sagas 班裡。以超級英雄為主題製作遊戲和描畫視覺故事也是他讀國中和高一期間最主要的表現題材。Parthan 王子系列是以複雜的連續故事所製作的視覺故事，許多故事裡的角色是善良與邪惡的化身。

藝術品裡的題材

Eric 的藝術品題材依據他個人興趣和教師給的特定作業而改變。當他年紀還很小時，藝術品的題材包括動物、最常接觸的家人、房子、樹、迷宮、汽車、潛水艇、自畫像、鬼怪和巨獸等。到了六年級時又增加新的題材，如戰爭、鯨魚、太空船、星際大戰人物、超人、中世紀幻想神話。當他選修中學美術課時，他的畫畫題材是靜物、自畫像和家人等。在參加 Interlochen 全國音樂營時，他的創作題材更具挑戰性。在陶藝課時，他從許多繪畫作品中援用皇家人物和巨獸頭建構一套西洋棋。視覺藝術課裡的學生舞者與音樂家表演以及許多風景畫都成為他的素描與繪畫題材。當他高三參加印第安那大學的下午美術課時，他的多數作品是畫模特兒和彩繪風景。在這期間，他的興趣從想像和幻覺的題材轉向追求美感，表現的焦點就是 Eric 後來所表現的「不是情緒或心理方面的探求，而是藝術為何物與如何創作和理解藝術品」。

自信心和競爭

Eric 總是自視甚高而且好競爭，包括與自己和他人的成就。當他讀國中時，他記得：「找機會印證自己的描寫能力，但是此種炫耀行為在一年之後就變少了。」當他第一次去 Interlochen 時，他顧慮自己被認為「愛

cs 圖 3.9　印第安那大學夏令藝術學院 Epics 和 Sagas 班級裡所
　　　　 畫的 Nukeman 視覺故事畫

現」；然而，那個暑假他卻得了最佳視覺藝術獎。他很專注於他的藝術
品，而且對於達成他所設定的高目標更是信誓旦旦。

　　在同一時期，Eric 覺得他正朝向實現當藝術家的路前進，自己的藝術
品快速進步。他提到他陶醉於自己的進步、實現大躍進、探究多元可能與
問題的解決。因為高中生上大學課而使他的學習經驗大量擴充。當他在大
學藝術課堂裡，他展現「有明確方向、有無限的能量，而且勇於繼續面對

cs 圖 3.10　這幅年輕女人畫作獲得國家學者獎

挑戰」。

藝術製作的議題

　　Eric 記得當他四年級時已可以證實他觀察世界萬物的敏銳力。在繪畫

cs 圖 3.11　這幅野餐場景展現他運用複雜線性構圖表現空間感的樂趣

所含括的許多要素中，他總認為「細節正確」很重要。四、五年級時，他所畫的鯨魚和稍後所畫的人物畫和風景畫都同樣注意細節的描繪。

　　面臨製作藝術品的技術挑戰常使 Eric 感到灰心，他記得在 5 歲時他無法畫出樹木枝幹的交錯連結、樹葉如何附加在樹枝上、如何混合色彩使樹木看起來逼真等複雜性。小學時，他很投注於描繪形狀的過程，但常疏忽整潔、正確比例或透視等細節的考量。高中二年級時他實驗發展一種風格繼續到大學。他簡化形狀為平厚線條、賦予作品一種抽象的圖像特質。高三時影片製作影響了他的繪畫中關於雕刻形式的理念。就如 Eric 後來所說：「觀賞者可以漫遊於畫，隨著時間和空間移動。」他描述這時期的作品彷如「以影片製作理念所畫的作品」，它包含所有來自他當前喜愛的科技與多媒體因素。

ᖇ圖 3.12　戴手套的自畫像

　　探討 Eric 關於模仿、抄襲、複製畫家的作品以及使用流行媒材等議題。從他人的圖像塑造自己的圖像是 Eric 成長的明顯要素。從一年級到五年級，Eric 採用 Ed Emberly 的圖像，創作這些作品使他有信心，也幫助他發展技巧。從四年級到國中，Eric 模仿漫畫、幻想畫和科學小說圖像，並從流行文化中學習畫人物。他在報告中提到他仍然無法理性地重新解釋別人的作品。

◌◌ 圖 3.13　在 Interlochen 藝術學院所製作的自畫像

文化和概念的議題

　　Eric 的藝術創作深受中產階級文化和學術環境的影響，他在這種環境發展他的興趣和動機。始於四年級而延續到高中，他建立流行文化的形式，包括幻想和科學小說都對他的藝術品產生很大的衝擊。許多流行性的

影響變得很重要，包括恐龍、太空船、小宇宙（Micronauts）和幕府戰爭人物，以及星際戰爭電影等等。當他就讀小學時，電影和電視怪獸影響了他作品的主題和風格，電影、書籍和科幻遊戲都是其他普遍性的資源。國中時，圖畫書、漫畫書、搖滾樂團、雜誌、電影和錄影遊戲均影響 Eric 的藝術才能發展。

三個顯著的議題出現於與 Eric 的對話中：學科訓練的影響、形式主義與表現主義的對比、藝術品觀賞者的角色。Eric 認為任一範例都具有危險性，當他在印第安那大學讀書時，他常拒絕學術性的藝術教學；繪畫行動、觀賞者、主題之間的內在關係對於 Eric 而言變得最重要。他記得他是「估量觀賞者就如畫它一樣，而那是我戴黃手套和面具的一幅自畫像。我企圖捕捉藝術家、觀賞者、主題之間的關係」。

Eric 對本研究的感想

當 Eric 24 歲時，他閱讀了這個個案研究，並反省面談與他媽媽的描述。他報告說他所接受的充實制與加速制的教育機會擴充了他的經驗，使他的作品改變而且成熟，他樂於用以具文化素養的方式建構出精緻藝術與普羅藝術的兩分法來面對觀眾。當代的表達方式——「畫布已死」——總結 Eric 對素描和彩繪的覺悟，以及他目前正熱中的新科技。他斷言：「我終究要創造自己的藝術，將多樣的興趣與理論、電玩、視覺藝術、表演藝術、說故事，以及社會重建的藝術結合。這是我批判性的自我覺察，是制式教育與家居生活所培養出來的。」

研究的討論與結論

本研究中，Eric 做出許多有關速進與加深加廣的學習機會有助於藝術學習的正面參考，此一發現已有其他學者（VanTassel-Baska, 1986, 1987, 1998）表明過。然而，仍需顧慮到速進制課程可能造成不利於學生社會

發展的不良影響，雖然研究無法證明這些顧慮是正確的。D. H. Feldman（1980）與 Feldman 和 Goldmith（1986a）曾在許多領域研究早熟的兒童，並因此確信所有的進展是密集和延長教導的結果。教導高能力學生的成功教師——具有豐富知識的教材並能有效傳達該知識，能引導他們的學生獲得高成就。沒有大量的作業、實務練習和研究，加上直接的協助、指導和鼓勵，才能無法發展。總之，個人才能包含許多力量（包括文化和教育）的交互作用，都與藝術資優學生的教育有很大的關聯。

被 Eric 視為正向的教師們所具有的重要特徵，包括重視藝術技巧、一般藝術知識、同理心、有能力使課程活潑有挑戰性、樂意幫學生、能期望學生應該驗證他們製作藝術的理由。Eric 很幸運，因為他的中小學教師大多數都富有彈性、教主題導向課程，同時允許學生兼用視覺和語言解決問題的方式去完成功課。這些課程允許 Eric 表現他的技巧、能力、價值判斷，以及了解種種變異推論與非推論的來龍去脈。

Eric 描述許多轉換的經驗，這些經驗使他將自己視為一位企圖達成自己既定目標的藝術家，而不是只扮演一個隔絕於他人之外獨自創作藝術的學生。目前他運用科技去解決他努力扮演藝術資優青年的問題。由此可見，藝術的發展不是自然成熟的結果；相反地，它是要經過學習才能獲得的複雜能力，這能力受到藝術家的文化素養以及在那文化背景中所提供的有效教育機會的影響很大。

以學生特質為導向的美術資優教育建議

基於我們有關學生特質與藝術才能發展的研究，我們提供下列有關美術資優教育的建議。這些建議係依據其他學者的研究，以及我們自己在美術資優學生特質和適當教育機會的研究發現所整理出來的。

建議 1　藝術才能發展不應只單方面要求寫實描繪外在世界。學生的藝術作品應考量感知理解力、表現力和媒材應用技巧，以及觀念等方面，包括主題、雙關語、悖論、隱喻等。這些品質比單純要求寫實描繪外在世界為成果的計畫更適宜於用來規劃學習活動。培養自我表現能力和取得文化認同的圖像模式與包括技巧和科技的傳統手法，不能僅只是了解視覺再現技巧的取得。

建議 2　有一未經證實的觀點認為如果提供各式各樣的材料給藝術資優學生，聽任他們自己處在完善設備下，其學習效果最好。這種觀念在美國各地的藝術課裡仍然普遍存在。我們已提出許多挑戰此一觀點的研究。教育機會的衝擊、教育的環境，以及藝術教師在藝術資優學生發展其藝術才能的過程中所扮演的角色是很重要的。在我們發表過的研究裡，發現大多數學生了解他們自己的才能，他們樂於增進自己的能力，省思藝術在他們生活中所扮演的角色。所有的進步都是因為密集教學與延長教學所產生的結果；沒有經過相當程度的練習和研究，外加從旁協助、引導與鼓勵，藝術才能是無法獲得發展。總之，個人才能包含許多力量（包括文化和教育）的交互作用，都與藝術資優學生的教育有很大的關聯。藝術才能發展是一樁複雜能力的學習歷程，而不是自然成熟的結果。其發展歷程受到他們所處的文化環境內的文化與教育機會的影響很大。

建議 3　視覺藝術才能的發展應重視學生的背景、性格、性別、技巧、認知與情意、地方文化背景，以及全球普及的文化。他們學習得來的能力受到他們所處的生活、求學和工作的文化環境影響很大。就各種不同環境下的效果而論，多元標準對於這群學生的發展和學習是很敏感的。當教師為各種不同文化背景的學生規劃學習活動時，應該理解他們選擇題材和媒材應用上的文化成見；當規劃課程幫助他們才能發展時，也應該考量性別差異。假如將女性藝術家和有色人種藝術家都納為藝術資優課程的教材，對於幫助女學生建立自尊心、信心與角色扮演模式將能產生豐碩的成效。

建議 4　在學校裡，藝術資優標籤不會出現負面效應。學生認為要靠自己努力的學習取得成功而不是靠天生的本領，他們要人們認為他們的藝術才能是自己努力的成果而不是不費時間、不需下苦工就能不勞而獲。大多數藝術資優學生樂於與同樣具有高能力的學生為伍，共同分享高難度的學習工作。

建議 5　國中和高中的美術資優學生樂於成為藝術天地的一份子甚於只當藝術課堂上的學生。讓學生描述他們自己轉換為年輕藝術家、達成他們自己的目標的經驗，要比扮演一位被隔絕於藝術世界的學生更有意義。參觀藝術工作室、美術館、地方畫廊、製作民間手工藝品的工作坊，以及談論和聆聽藝術家、藝術史家演講更有助於提升學生藝術學習動機，促使他們達到美術領域的專業水準。

建議 6　家庭的支持與學校社團歸屬感的重要性應被視為美術才能發展的重點議題。學生家庭或其他重要人士的鼓勵，對於維持他們興趣和藝術發展均扮演重要的角色。家長和其他人應被歡迎到美術課堂參加活動；應該通知他們了解小孩的藝術活動，並邀請他們參加學校藝術展覽。家長和其他人士應被鼓勵去支持和協助他們子女在發展視覺藝術上的興趣。學校也應該提供社團活動讓有興趣的學生彼此互動，分享彼此間的理念和其他相近似的考量。

建議 7　有一未經證實的觀念是認為藝術資優生在學科方面通常不會有很好的表現。然而，我們的研究卻顯示高能力的藝術學生對於學校課業的表現也很好，甚至是大多數科目表現特優的學生。藝術資優學生理解他們在高能力的學習上需要被激勵與教導，因為在激勵與教導下才能增進他們藝術才能的發展。他們需要面對觀念與視覺雙方面的挑戰，並鼓勵他們去運用他們的推論能力與非推論能力去發現問題和解決問題，挑戰他們的能力。

建議8　某些教師的特質似乎都能符合大多數美術資優學生的特質和需
要。成功的教師被視為是支持和鼓勵學生的教師，而不是要求服從和嚴守
法則的教師。他們也提供主題導向的、速進的、加深加廣的藝術學習機
會。這些教師均富有變通性，同時也允許學生追求個人的興趣、重視藝術
技巧學習、擴充一般藝術常識、關懷學生。這些高能力學生的教師都能有
效地溝通並引導他們的學生去獲取高成就。

教師的特徵與教學策略

ᘓ 圖 4.1　一位八年級學生參加印第安那大學夏令藝術學院所完成的腐蝕版畫,作品裡展現
　　　　了相當熟練的技巧

美術資優教育任課教師的特質與教學策略在藝術才能的培育工作上扮演一個重要的角色。本章針對兩位負責教導美術資優青少年教師的特質與教學策略進行研究，採用對照與比較的模式去判定他們課堂教學成功的因素。接著是教師主導藝術相關討論，採用 Clark 的「觀賞藝術品與討論藝術品」（Looking At and Talking About Art, LATA）的方法，他們的討論都強調教師策略。隨後運用討論的方式進行這兩位教師領導統御能力的研究，並特別強調意見的表達——這兩位教師如何運用他們個人的、專業的意見（voice）去影響學生學習的改變——融入討論過程中。伴隨著意見表達的研究，這兩位教師的有效領導模式也被提出討論。最後提出有關美術資優教育任課教師的建議。

美術資優學生之任課教師的特徵

理想的藝術資優課程任課教師應有的特性已有許多學者探討過（例如 Tomlinson et al., 2002; VanTassel-Baska, 1998）。一般而言，這些研究並未重視實際問題的探討，因為他們既未做到也未成功地分辨一般學生的好教師和高能力學生的好教師之間的差異（Gallagher & Gallagher, 1994）。雖然有少數探討學科資優學生之任課教師的質性研究，但是關於美術資優教育教師的研究卻少之又少。然而，藝術教學的個案研究已經在一般教育文獻資料有所報導（例如 N. Johnson, 1985; Stokrocki, 1990, 1995）。

兩位藝術教師的研究

Zimmerman（1991, 1992b）所主持的兩個個案研究主要是強調描述和分析藝術資優學生之任課教師的特質，他們所教的是 13 至 16 歲的學生，教學時間為期兩星期，實施觀察研究的場域是印第安那大學夏令藝術學院

的繪畫課程。她的研究目的是為了發現美術資優學生的教師如何成功達成
他們的課堂教學,以及這些藝術教師的顯著特徵。

研究方法、資料蒐集和分析

　　擔任印第安那大學夏令藝術學院的指導者,加上兩位教師的同意與合
作,Zimmerman 乃得以全程觀察兩班繪畫課的教學。她運用個案研究的
方法及下列方式蒐集資料:教學紀錄;班級授課的錄音帶(audiotapes);
班級活動與學生作品的幻燈片;學生、教師與團體訪談的錄音帶;學生的
註冊資料表(registration forms);以及五個成人觀察的日誌(journals)。
除 此 之 外,Zimmerman 使 用 Stokrocki(1986) 的 時 間 取 樣(time-
sampling)方法來蒐集資料與組織類別,以作為她報告與比較所獲得的研
究結果之用。教學時間取樣的類別是具有管理的(教師對於工具、媒材與
空間的安排)、實質的(與教學主題有關)與評價的(關於教師的回應與
判斷的特性)效能。資料分析是以藉由內容、比較與時間取樣分析來進
行,並且經由觀察者與教師的日誌與對話來證實。

　　此一進階繪畫課程(advanced painting classes)教學時間為兩個連續
夏季的十一個教學日。第一年有二十四位學生,他們是秋季剛升上八至
十一年級的學生。第二年有二十位學生,其中有三分之二剛升上九和十年
級。這兩班的大多數學生來自於印第安那州,有兩位來自其他州,以及四
位來自新加坡的學生。大約有三分之二的學生來自於鄉村社區,幾乎一半
的學生都有接受獎學金。兩班繪畫教室的設備是大學生上課所使用的大型
畫室空間。畫室裡有繪畫作品所裝飾的牆面,形成典型的畫室格調。畫室
裡還有大型的畫架,儲存空間——作品可直立地待乾,小桌子——放調色
板、畫筆、管裝顏料,可讓明亮光線透射於教室內的大型窗戶,以及大家
可以共用的水槽,這個水槽可供清洗畫筆和調色盤上的壓克力顏料。

研究的成果

教師的哲學觀　Mark 教第一年的繪畫課，而 Laura 教第二年的課（這兩位教師的名字是虛構的）。兩位教師都是任教於印第安那大學美術系的大學部教師。他們之間的實際差異很大；Mark 是一位身材高大的男老師，身高六英尺五英寸，而 Laura 是一位身材矮小的女老師，身高大約五英尺二英寸。兩人都是 30 幾歲，他們的輕便服飾與溫暖的夏天搭配得宜。

　　Mark 講話的宏亮聲音足以傳送給其他對話中的所有學生，並增強他的風采。對於 Mark 而言，教學是與人有關的活動；而學生實際的創作是其次的。他說：「學生很容易激怒你；他們可能此刻興高采烈，但沒過多久就開始無聊了。」去抓住他們的注意力，「一位教師必須能維繫他們的興趣與挑戰心理」。當他教學時，Mark 用心地挑選並集中精神培養這一群學生的領導者；因為他認為這些領導者可以把氣氛帶起來，也會引發其他學生的學習興趣。

　　Laura 的教學強調重點的反覆描述；她認為如果多次反覆說明同樣的指示，她的學生總會了解她期望他們做哪些事。她常要求學生盡可能地運用寫實方式畫出他們的畫作。例如她問學生模特兒的眼睛是什麼顏色，當學生回答「藍綠色」時，她說：「那就照你看到的顏色著色。」在課堂上，她顯得不在乎學生的聲音有多大，她解釋說：「我試著以平等的地位與他們交談，而不是以大人對待小孩的態度。」起初，她告訴隨堂上課的觀察者說她不認為這些學生具有特殊才能，但是上了三天的課之後，她改變了原先的看法，而且對於學生在課堂裡學習進步之快感到訝異。

　　與 Mark 和 Laura 兩位教師的對談中得知，他們都自認為是個來教學的藝術家。Mark 的教學原則著重於幫助學生了解挫折與靈感的來源，加強學生個人具備藝術家應有的專業素養和繪畫技巧，例如正確的比例、色彩的混合與應用、平衡構圖。對 Mark 而言，教學是「與人有關」，而學生正確的創作些什麼則屬其次。他認為教師的角色很重要，因為教師有責任幫忙學生學好他們的為人與他們的藝術品。

Laura 的教學原則是以發展學生的藝術創作技能為主軸，她不認為與學生建立私人關係是重要的。她自認為是個藝術家，她有責任去教學生繪畫與批評他們的作品。她全部的教學重點是使學生盡量將圖像寫實地畫出來。

課程的關注點　如同必要的教學步驟，Mark 概述他期望教給學生的是什麼，雖然在他完成計畫之前「需要了解他們的長處及他們所能達到的是什麼」。他說他們從畫簡單球體和「大眼睛、大嘴唇、大鼻子」開始，進而「闡述藝術家的肖像畫，然後完成自畫像」。在最後的作品評論過程間，Mark 強調兩件重要的事情：第一，他想幫助學生了解想要成為藝術家的條件（描繪如「開始於某些事件發生於極度挫折後，當成主要能量轉變的強烈感受」）；第二，他想要學生描繪適當的自畫像。

起初，Laura 打算濃縮她的大學課程以配合這些學生的需要。到了第二週她變得較有彈性且調整她的教法以適應學生的興趣和能力，甚且妥善安排為十天的課程架構。她要求學生描繪色相環，並使用非彩色的灰色調去製作明度高低的量表，以利於學生為進行最後的靜物畫做好準備。在許多場合裡，她告訴學生說他們的責任義務就是完成她所分配的計畫。當她指示學生 1:30 開始畫靜物畫，應在 3:30 完成。Laura 的所有課程均著眼於發展學生的藝術創作技能，強調混色、創作立體的形狀與描繪寫實的圖像。

教學內容　Mark 依據他個人典型的方式，把他上課的 32% 時間用於實質的教學。隨著他的幽默感與能力去加強學生的能力。Mark 所扮演的角色既是藝術家又是教師、既是教師又是說故事者。如同一位教學的藝術家，他與學生分享著「畫陰影的秘密」、「描繪自畫像」和「學習寫實繪畫」的神秘。他形容這些技術為「不在美術課堂上分享的秘密，因為會被認為你在教室裡表露你的情緒」。他告訴學生說他自己已經熟知這些系統，但是他把這些秘密拿來與他們分享。

Mark 也告訴學生不必擔心創意表現的問題:「你的畫來自你個人,就像是你特有的世界,你的創造力將會自然湧現。」只有在學生畫肖像畫時,他會描述自我表現或闡述內涵的問題。Mark 以 Rembrandt 早期的自畫像複製品與晚年的自畫像來作比較。針對 Rembrandt 晚期的自畫像,Mark 解釋:「他是個真正過生活的人,而非生活於某種角色的扮演中。」

Mark 邀請學生參觀他的畫室,分享他如何扮演藝術家的角色,介紹他作畫的工具和材料、素描和彩繪的內容,以及他遭遇挫折的經驗。對 Mark 而言,教學並不是單一面向的活動:「一個教師有責任去影響學生全部的生活。」當學生在畫圖時,他站在教室中間或教室內四處走動並講故事;學生聽他講故事但不影響他們的專心作畫。Mark 所講的故事並不全與課堂教學內容有關,這些故事常涉及一般課堂上不討論的道德意義或與倫理、政治相關的議題。他在藝術品與大眾文化英雄中之間建立了一座概念性的橋樑。他所談論的主題包含亞歷山大大帝(他如何能征服世界)、年老的大師為何在他的畫中不露出牙齒(牙科醫學尚未成熟)、老禪宗的故事(有關尋物不得)、Amazon 女人(她們的權力與對理想的奉獻)、父母全神關注他們青少年的小孩、不抽菸的價值、青少年憂慮他們在未來生活中所扮演的角色。Durer、Rembrandt、Raphael、Botticelli、Kollwitz、Hals、Corinth、Freud 及 Renoir 等的藝術作品與 Jimi Hendrix、Jim Morrison、Michael Jackson、Rambo、Prince、Cher、Grace Jones 或 Roger Rabbit 所做的海報或錄影帶有關。他的比較——如「Botticelli 看來像雅痞(yuppie)」或「這位 Renoir 所畫的淑女看來像 Cher」——引起學生的注意力。

Mark 常被關心如何妥善傳達訊息給學生,以及學生是否適當反應。他常問學生是否覺得無聊,或說笑話,或做一些令人吃驚的事情來引起學生的注意力。他不斷設法為學生們消除疑慮,因為他知道他們將感到「無聊、挫折與盛怒。無論如何,就是盡情的畫。五分鐘內,無聊、挫折與盛怒的情緒就會消失」。他告訴學生:「天才並非你獲致成功所有需要的一切。學生需要興趣、幹勁與企圖心。」

❦ 圖 4.2　Mark 教學課堂裡學生所畫的作品，以文藝復興時期繪
　　　　　畫為基礎的說明性作品

　　Laura 依她個人的習慣將課堂上 19% 的時間用於實質教學。她的教學
方法是將自己視為是個傳授訊息的技術人員。她的主要方法是講課與重
複許多次相同訊息給班上的全體學生與個別學生。她站在教室中間講話，
因而常因學生談話的吵雜聲而淹過她的聲音。Laura 在前幾堂課會放映大

學生作品的幻燈片、於白板上繪製圖表、寫術語，並於教學過程中舉出成功的學生作品供大家觀賞。當她展示其他學生作品時，時常強調技巧的特質：「這幅作品有四個價值」或「這幅作品畫得很好」或「這幅作品花一個星期完成」。Laura 也放映自己作品的幻燈片，引發學生對話與促使他們去觀察她如何繪畫。她與學生談及她如何作畫：「我畫畫很少遇到困擾。現在我先談起初的作畫經驗……當我完成一件作品時，會先擱置幾個

ℂ 圖 4.3　這一幅靜物畫作是 Laura 教學班級學生所畫的作品

月，再拿出來……，這麼做，就會更客觀，不會太有自我意識涉入於畫中。」她透露出她曾有一次為了創作一幅畫而塗滿整個房間：「我在地板上畫西洋棋的棋盤，我確確實實畫我所看到的事物。」

　　Laura 的指導總是有關如何進行一個特別練習的討論：「當你必須進行一個黑、白、灰色的繪畫時，決定你的構圖然後速寫。」寫實主義是所有繪畫的評價標準：「這個物像沒有輪廓線，但它看起來比較逼真。」

　　◌⊃ 圖 4.4　這一幅自畫像是 Mark 教學班級的學生作品

個人與團體的批評　Laura 與 Mark 兩位老師都花了將近一半的上課時間批評進步中或已完成的學生作品。Mark 花掉 86% 的時間進行個人的批評，14% 引導全班的團體批評。Laura 幾乎花掉所有的時間進行個人的批評，只引導簡短的團體批評。

　　Mark 的批評策略是告訴學生往他認為能改善之處去努力。為求正確，作畫過程中，他常在畫布側邊、畫布背面或直接在作品上著色。他的論點通常包含上課中已教過的總結與強調概念，如：「你們要繪畫出一幅心理學家的自畫像，它是寫實的變形」；「人們從畫上看到的比照相機拍的人像還好」；「不要顧慮寫實主義的要求」；「著眼於你的眼睛，想出睫毛是如何形成的」；「嘴巴需要低一點，因為太靠近鼻子」。Mark 讚美的用語如：「畫得很好」、「看起來比剛才好多了」、「看起來很美」，他總是給予學生改善的建議。Mark 與一些苦於驗證自己繪畫能力的學生對話，能以同理心待之，如：「抓住自己的想法，你有很強的毅力；你因為自認為做不了而受到牽制」；「你有很多的長處……總有一天你將會發現你的能力」；「除非大膽去作，否則你內心的恐慌將難以排除；不要把利害得失看得那麼嚴重」；「有一天你將會發現自己的強項——你比許多人更有能力。你累了，但你能畫得好」。Mark 在團體批評中，目的是鼓勵體驗完成作品後的成就感。他由讚美這個班級開始，而他的團體評論總是從積極的意見與建議開始：「你們這十天都做得很好。」或「你們都表現得很好，比我教的大學生還要好。」

　　Laura 告知學生關於他們應該做什麼，或是要求可能做什麼以改善他們的繪畫來進行她個人的批評。在有些例子裡，她正面地讚美整個團體的作品。關於對學生的意見，她說：「我想每個人都做得很好。繼續畫，把它完成。我認為你們每個人都有自己的構想。」在一百九十四次與學生互動的紀錄中有一百九十二次是與技巧的特質有關。Laura 對學生個人的批評經常藉由讚美學生來開始，然後建議他們改變。例如她開始評論時會說：「看起來很好」、「繼續畫」、「好多了」、「目前為止真的很好」、「美極了」，然後她通常要求他們改善的建議是：「瞇著眼睛去觀察明度最低的地

方」、「有點太紅」、「如果你不喜歡你現在所畫的這個樣子，那就再畫一次吧」。當學生有挫折且不能畫時，她就將他們的能力不及之處，當作是他們必須克服的技術問題。當有學生悲嘆：「這幅畫太糟了，我無法完成。」Laura 便會回答：「拿出取景器，決定你想做的，不要憂慮它是否完美，就是畫吧！」當有學生已完成繪畫而不想再描繪時，Laura 便會告訴他：「一個藝術家的作品若是這樣表示尚未完成，若不繼續畫好將無法謀生。」

Laura 與 Mark 對每個學生的方法都是積極的。他們讚美的言詞總是先於校正與改善的建議。兩個老師的論點經常都包含在上課中已教過的總

ͼ 圖 4.5　這一幅靜物畫是 Laura 教學班級學生所畫的作品

結與強調的概念。另一個策略是對於整個團體口頭上的讚美。Laura 是當大部分學生都已完成這個計畫時，才會在口頭上讚美；Mark 則是在團體批評之前便開始了。在 Laura 的教室中，師生之間的互動中只有一次幽默感的紀錄；在學生的模特兒繪畫中，她告訴學生，如果再塗更多的白色在模特兒的皮膚上，她將會看起來好像死了。

教室管理　Mark 花了 15% 的上課節數而 Laura 花了 20% 的上課節數來分配與蒐集工具與材料，並妥善規劃他們的環境。Mark 總是在門口歡迎學生，告訴他們所需要的材料和用品及放置的位置，並明確告知學生清潔物品的需求。每當有噪音產生，Mark 總是會說故事，或安排團體的批評。Laura 告訴學生有關於用品、如何放置調色板、清潔畫筆、他們所需要的顏料與顏色、哪裡可以放置他們的作品、取得與歸還他們的用品。她不要求學生做清潔用品的工作，而把這個責任交給來教室觀察的成人。

學生反應　全體學生一致認可 Mark 的教學方式與態度。他們喜歡上他的課，他們認為 Mark 是個「有趣、能帶給人愉快的好教師」，也是一位「表情豐富的人」。他們認為在 Mark 的課堂裡比他們平日所上的藝術課學得更多。58% 的學生解釋在他們班級中的藝術教師很少個別跟他們談話，沒有很懂得繪畫的概念與技巧。65% 的學生提及 Mark 的指導教學能幫助他們學習繪畫、以不同方式觀看作品，以及了解基本的結構。其中有兩個學生舉證：「團體批評是一種從我們自己的錯誤中來進行學習的方法。」而且提及 Mark 總會說出每個人的優缺點。40% 的學生喜歡 Mark 的幽默感與他所創造的放鬆氛圍。其中有一學生說：「當你全神貫注地學習時，歡笑聲最有利於打破繃緊的氣氛。」90% 的學生認為 Mark 的故事具有教育性、介紹歷史、幽默、真相的特性，且保持學生靈活。當你情緒低落或無聊時，Mark 會鼓勵提攜你；當你挫折時，最好解決的方式是畫圖，你將會在隧道的末端看到光。

75%的學生表達對Laura的喜愛、感覺她是個好老師、喜愛她的課：「喜歡她對待學生的方式」、「如果某些事是錯誤，她會給你建議」，學生們覺得她很有耐心，願意傾聽、使人感到愉快，是個有積極態度的人。有兩個學生認為她是「公平」的人，雖然「她習慣於教大學生，當我們吵鬧聲太大時，她依然繼續講課而我們聽不清楚她在講些什麼」。有一位學生說：「她不會強迫你改變，她會暗示你去做你想要做的事。」有兩個學生認為他們在她的課堂上才發展出對如何繪畫的初步了解。

成人觀察者的反應　我們的美術資優計畫也可作為藝術教師報名參加實習教學的場域（參閱導論）。每天，有兩個觀察者在Mark的教室裡，有三個在Laura的教室裡。Mark不在意觀察者，雖然他說：「他們能觀察，但不能干擾他的教學。」一個觀察者認為：「Mark是個非常嚴格的人。」雖然「他能影響有弱點（vulnerable）的學生，而且能在他教學時間內做到」。另有一個觀察者認為：「Mark是個有吸引力的（charismatic）的人，處處都展現他自己的教學風格。」以及他「喜歡Mark在他的班級裡介紹歷史、美學與批評的方式」。

Laura也不在意觀察者在教室裡，她鼓勵他們幫助學生的創作活動。遺憾地，一個觀察者提及：「明顯地，她是一個道地的藝術家，較不像是一個老師，不了解如何駕馭年輕人。」他們（三個觀察者）一致認為：學生所學習的技術與技巧與所創作的畫作「都是傑出的」。三位觀察者的結論是，Laura並不能自在於教她們的學生：「她不曾與學生有連結。師生之間沒有親密的連繫。」Laura的教學在個人評價上是受到讚揚的；雖然「在一對一的教學中，她表現很好，但如果面對二十四個學生教學，她是有麻煩的」。

研究的討論與結論

明顯的是，Mark與Laura的教學都符合他們所設定的教學目標。

Mark 強調的是認知與表達感情的技能，他想要他的學生了解當一個藝術家應該具備什麼特質，與適當的描繪自畫像。有時候無聊與挫折會阻礙學生學習，Mark 能夠認同他們不能完美表現，他會幫助他們延伸他們的潛能。Laura 完成她對學生的目標——完成寫實的繪畫。她是強調發展繪畫的技巧與技能，且給予學生個別的注意力。無論如何，Laura 無法處理班級控制、準備、組織，或參與學生的問題。

從這兩個個案研究的資料中建議：專業的藝術家在他們未進入中等學校教室環境之前，其教學準備是最重要的。如果 Laura 沒有那些成人觀察者的協助，她的課可能會很混亂、沒有時間進行教學。這個個案研究將顯露出：美術資優學生的教師應具有知識性的教學法，如同處理藝術創作的技能一樣；更甚者，他們教學的知識與他們對於藝術世界的知識是有關聯的。

要是局外人來估量 Mark 或 Laura 的課程是否成功，他們將會達到非常正向的結論；兩個老師都透過教學強調學習的技巧與技能。

無論如何，Mark 能夠批判性地反映出他是一個老師的角色，以學生的學習經驗來呈現他們的特性——強調能力的感覺、分享式的行為、引發學生對於目標的尋找、目標完成的行為、鼓勵學生對於新奇與複雜事物的研究、提供歸屬感的感受。總結：教導美術資優學生的藝術家會覺察到他們的學生將需要知識與了解，包含了解他們創作藝術的社會脈絡、檢視創作藝術的原因、熱情地涉入於超越獲得技巧與技能的議題。建議：美術資優學生的老師應了解每個學生的鑑賞力、積極地教書、呈現間接的學習經驗、批判性地反映關於他們的教學實施。

由教師導引的藝術討論

教師的特質與教學策略不僅有助於提升學生美術才能發展，而且與藝術鑑賞探究有關的教學策略對於發展感知技巧和理解藝術史、藝術批評，

◌ 圖 4.6　這一幅想像的自畫像是 Mark 教學班級的學
　　　　　生所畫的作品

以及可以直接應用於創作活動的美學常識也都很重要。Clark 的「觀賞藝
術品與討論藝術品」（Looking At and Talking About Art, LATA）方法能夠
提供獨特的機會引導學生討論藝術品、發展高層次的思考技能、鑑賞與了
解藝術品，以及當討論藝術品時，能培養他們輕鬆自在的心情。

　　舉例來說，一群學生集體討論與分析一個影像時，就可以明顯發現他
們運用已經學得的能力去解讀影像；例如，他們欣賞 George Tooker 的作
品「政府機構」（*Government Bureau*）時，這些學生了解畫裡的圖像象徵

民眾穿梭於辦公處所之間，與那些態度冷漠無法協助他們解決問題的辦事人員溝通時感到挫折。這些學生已經了解圖畫的暗示、分析他們的意義、使用問題解決與批判思考的技能，進而給予他們在圖中所了解的意義。

Clark 發展「觀賞藝術品與討論藝術品」的活動，以教導學生如何進行有關於藝術家的作品與工作的對話（Wilson & Clark, 2000）。他的 LATA 方法對於了解其他藝術教育者〔如 Anderson（1995）；Broudy（1972, 1987）、Efland、Freedman 和 Stuhr（1996），以及 E. B. Feldman（1973, 1981）等〕所提出的更精進的方法，是有用的入門引介。Clark 把 LATA 活動視為是一種導引，因為他鼓勵開放與解釋的對話，不需要特別的藝術語彙。他們主要的目的是提供學生進行對話、形成他們的理解與傳達關於藝術明確特質的概念。

在過去，關於公立學校學生的藝術品討論的研究局限於一兩種藝術批評的方法。Hamblen（1984, 1985）分析十六篇文章——關於老師所使用的藝術批評的教學過程，且發現大部分的計畫都是基於 E. B. Feldman 的批判行為架構或是 Broudy 的美學審視歷程。對於過去三十年，Feldman（1973, 1981）的著作已經影響到這個國家所使用的藝術批評方法，他透過描述、分析、解釋與判斷等階段，提倡一個已具有完整架構的藝術批評方法，現在為藝術教師普遍使用。Feldman 闡述「問題—答案」的對話方法，是一個令人滿意的策略，提供老師們使用於藝術批評的活動中，但並不提供明確的指引去引導學生進行這類的活動。Broudy（1972, 1987）設計「美學審視」（aesthetic scanning）方法幫助學生了解藝術品的內容與形式，他的方法包含發展學生分辨、討論藝術品的知覺、形式、技巧、表達性與特別的美學特性的技能。

Mittler（1980, 1985）曾闡述其他藝術批評與藝術史的方法，以供中等學校的藝術批評與藝術史課使用。當討論藝術品時，Mittler 視藝術批評等同於尋找內在的線索（internal cues），而視藝術史等同於尋找外在的線索（external cues）。Barrett（1990）提倡透過描述、解釋與分析照片與理論化攝影術來引導藝術批評。他在 1995 年也進行了課程的編輯，包含老

師能使用於藝術批評活動中的各類方法——使學生深慮地審視藝術對象。Anderson（1992）撰文關於藉由研究藝術品所能完成的價值，主張使學生能察覺視覺的、觀念的與感情上的表達，便能引導學生了解他們自己藝術品的意義、方向與結構。

雖然藝術教育者對於影像分析的技能，已提倡各種策略。但很少在這種討論的活動中，探究老師所扮演的角色。Clark 發現學生常常不熟悉在教室活動中所進行的藝術討論，而勉強地進行這樣的討論活動。因此，Clark 強調教室的互動，學生應：

1. 學習如何去問關於藝術品的問題與該問什麼樣的問題。
2. 察覺藝術品不顯著的部分。
3. 增加他們對於視覺藝術的好奇心。
4. 自在、不拘束地談論藝術與藝術家。

在「觀賞藝術品與討論藝術品」活動中，老師透過一個或更多的藝術品討論，引導學生、幫助他們更能覺察藝術形式的設計與構圖、藝術家、內容主題與意義，以及其他概念。在這些討論中，學生使用他們自己的概念，以建立有知識性的感知能力與關於藝術的已知看法、形成對藝術品的情感反應、發展關於在藝術品中所呈現的概念與社會主題的深刻理解。個別化指導與每個學生的反應與高層次思考技能的發展對於 LATA 活動的實施是極為重要的。

「觀賞藝術品與討論藝術品」方法的研究

此一研究的目的是要觀察 Clark 的「觀賞藝術品與討論藝術品」的方法與進行一系列複雜教室互動的描述。在此一研究之前尚無有關 Clark 方法分析，而此一研究有助於教師在班級教學時引導學生討論藝術品。Clark 在大學、中小學、夏令美術資優教學計畫、在職教師進修班等團體教學推展 LATA 教學法長達數十年。

研究方法

在這個研究中的學生，就讀於一個中型社區的中等學校。學生的年齡從 12 到 15 歲，他們不是選修過七年級必修的藝術課，就是選修過進階的八年級藝術課程。這些學生很少有藝術鑑賞方面的經驗。教學者選用大幅、容易辨認的多風格風景畫與肖像畫的圖片。

資料蒐集和分析

兩個班分別在這六節課中都進行實況錄音錄影。教室後面有相機可以清晰地觀看藝術複製品與老師，教室前面有相機可以捕捉學生互動的詳細情況；兩位錄音人員也負責教室錄音和師生訪談錄影。隨著在每節課後，本研究的主要研究者 Trudy Wilson 便會對教學者 Clark 進行訪談和錄影。內容和比較分析從單位化老師與學生的資料開始，以便歸類到卡片上，及納入主題性類目。

研究的成果

LATA 活動方式是聚焦於問題解決與自我表達經驗，以幫助學生發展個體對於藝術品回應的能力。他們的互動與社會的、情感的回應都是非常重要的。因為 LATA 活動的目標是使學生覺察他們的認知能力與對藝術品情感的反應。在 LATA 活動中，Clark 使用各種提問策略去鼓勵學生回應各類問題；他常謹慎地隱瞞藝術家的名字或影像的名稱去鼓勵學生在沒有這些訊息的影響之下分享他們的洞察力。他運用提問或重點提示開始每堂課的討論，如：「在這個影像中，你看到了什麼呢？」或「告訴我們你在這個影像中，會先注意到什麼呢？」這些問題給予學生機會，以組織討論的主題，因為所有的對話都是基於學生的回應而產生。

　　研究者 Wilson 嘗試以圖表來呈現 LATA 活動的架構，包含在這研究中所有的發現。Wilson 創造包含此一研究的所有發現的認知圖（見圖表 4.1）。這個在中央的菱形是 LATA 活動中四個主要組成要素。前置活動（pre-activity）包括一般的和特定的準備描述，如選擇藝術品。探討（review）指的是活動概況介紹。非藝術品的相關（nonartwork related）要素包含導入和細節描述以及行為管理策略。教育策略（pedagogical strategies）包含 LATA 活動所使用的各種不同的討論策略。

教育策略　　這些策略陳述一般互動的方式，其目的致力於每個 LATA 教學活動的順暢推展（在例子裡所有學生的姓名都是虛構的）。Clark 使用教學策略時，總是提出初始的問題並接受學生的回應；這形式習慣被用來實施於每個上課活動，改變討論的主題或維持一個討論。他也鼓勵學生針對所發問的問題作出幾種不同的回應。偶爾，他會建構一系列的簡易問答，例如：「喬治，二號畫與五號畫有何差異？」或「艾密莉，在這幅畫裡，你看到了什麼？」他也會從學生的回應中，建立初步的問題，來引導學生的回應。

　　在運用討論—流暢的策略（discussion-flow strategies）方面，Clark 經常使學生的問題或陳述作為其他問題的基礎，例如：「亨利，你說為什麼所有的人看起來都很像？你說你為什麼不喜歡它？」或「厄妮，你喜愛這個圖像，隨後你發現那是照片，於是你不喜愛它。為什麼？」他用學生反應的結論作為另一問題的基礎，討論反應或總結反應作為描述的內容。這些結論常引導新問題。例如，在觀賞印象派畫家作品的反應上，他說：「當你仔細看時，它變得不那麼清晰而且開始模糊不清，你看到什麼？」或「它看起來很逼真？你如何拿來與剛才看過的寫實照片比較呢？」往往是不提供背景資訊的。Clark 運用一些觀點的描述去形成另一問題、回應中擴充討論，或者是作結論。例如：當觀看 1930 年代的墨西哥壁畫，Clark 會問：「從成為一個獨立國家的觀點來看，他們有個與我們很像的戰爭，有關這個情況，你們能看出什麼？你們能否告訴我們更多關於它的訊

⊙ 圖表 4.1　有關觀賞與討論的藝術活動認知圖

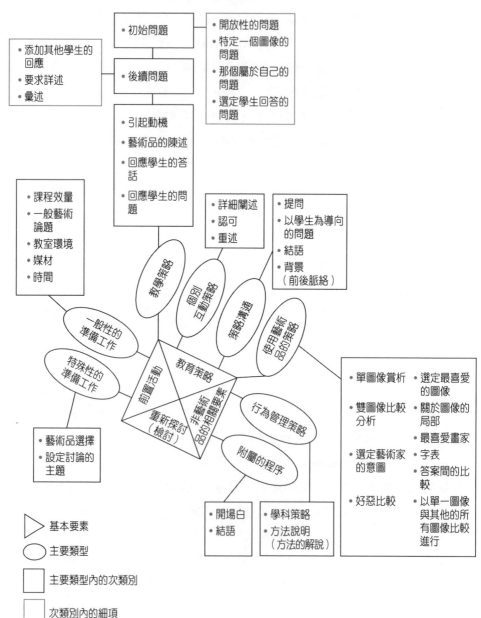

息？」

　　在與學生互動之間，Clark 使用個別互動策略（individual-interaction strategies）去處理學生的回應。他很大方地接受所有學生起先的反應，以便鼓舞他們繼續參與討論。Clark 常重述學生的回應，因為他覺得一個教師應該說明給那些可能沒聽到或想更清楚確認的學生。Clark 最重要的教學策略之一是要求詳細闡述前一個答案或回應；此一策略可以讓學生在第一個反應之外有機會去思考其他想法，同時也可以提供學生更多的資訊，因此學生在課堂上建立的知識基礎係源自個人和其他學生的反應。

　　Clark 運用許多使用藝術品的策略（strategies for using artworks）以維持學生的興趣及參與討論。這些策略包含：

1. 聚焦於一個影像的討論。
2. 比較與對照兩個影像。
3. 排除學生想抗拒的影像。
4. 引起喜歡與不喜歡的比較。
5. 聚焦討論於一個影像中的一部分。
6. 要求條列出所描述的文字。
7. 比較一個影像與其他的影像。
8. 比較兩個或更多個學生的答案。

研究的討論與結論

　　教導 LATA 活動包含一套錯綜複雜的教學策略、計畫和管理措施。在觀察的過程中，Clark 呈現繪畫作品的教學方法包括理論基礎、教學準備、討論活動的引入導出、不當行為的控制，以及如何指引方向（見圖表 4.1）。為了支撐 LATA 活動的課堂對話，Clark 尊重每位學生的發言，鼓勵分享經驗並評價每位學生的貢獻。為了幫助學生能有知識性地說出關於藝術品的看法，老師必須很努力地建立一個吸引人的環境。

面談時，Clark 提供一些引導的方式，給有興趣進行初階 LATA 活動的教師：

一般性的準備 選擇影像或物件與明確討論的目標。

特殊性的準備 選擇每節課的藝術品、熟悉影像的訊息。

ᘓ 圖 4.7　參觀印第安那大學美術博物館時，一位印第
　　　　　安那大學夏令藝術學院的學生叫大家注意繪
　　　　　畫作品裡的特點

每節課中 提供前個活動的複習、前言與結語。提供參與所有討論的方向，要求學生接近每個討論的影像，以及指出激勵他們熟悉藝術品的地方。使用各種方法，如刺激物以供討論和概述，並對參與者使用積極的增強。

LATA 活動幫助建立學生的知識基礎，以及藉由在討論的課程中增加他們的互動，以支持他們發表個人的意見與分析的信心。學生在談論藝術每個方面的能力（包含形式的特質、技巧、意義、情感與主題內容）都是 LATA 活動很重要的目的。在 LATA 的過程中，提供學生機會了解他們可能有許多回應的方式，與鼓勵他們去表達關於藝術品的反應與意見。進行美術資優學生的 LATA 活動中，其最主要的目的是藉由老師傾聽他們的意見、引導彼此互動與討論，以啟發學生覺察、問題解決與批判思考的技能，來提升學生的學習能力。隨著理解能力的增加，學生便能繼續進行與老師所呈現的藝術品，其相關的影像中各方面有意義的討論。這些活動的價值是他們提供有效率的策略，使學生能進行與藝術有關的討論，聚焦於尊重每個學生的思考。這能使學生對他們的能力產生信心，增加他們對藝術的興趣，以及增加他們對藝術討論的能力。

藝術資優學生的任課教師所扮演的領導角色

在學校資金被縮減的時代，美術課有時候會被忽視或鮮少被資助，發展藝術資優的課程變成了弱勢的一環。因此，發展藝術資優生教師的領導能力，進而使他們被賦權為一個對學生而言是有學識的教師及擁護者，是首要關切重點。

過去十年，Zimmerman 和她的同事 Frances Thurber（執教於 Omaha 的 Nebraska 大學）已經針對藝術教師培育問題有所論述。他們的目標

是教導教師擴充能力並在各種不同教育環境中扮演領導角色（Thurber & Zimmerman, 1997; Zimmerman, 1997d, 1997f）。最近，有位在職進修教師給了 Zimmerman 一張印有粗體字「沒有女孩大聲說」（NO GIRLS ALOUD）的紙條，這張紙條是從兒童手上拿到的。在這位教師的三年級美術課裡，有一群男孩已經把自己隔離於美術教室的角落，並傳出那個訊息。這是多麼貼切的暗示著許多教師面對美國公立學校由來已久的等級制度所產生的隔離與緘默。

在美國，除了較高等的教育外，大部分的老師都是女性，而如何找尋方法幫助她們成為領導者，讓她們採取行動去改進所有學生的課程是非常重要的。Maeroff（1988）認為針對一學年教育計畫所辦理的密集暑假研習最能讓教師去建構和其他教師的連絡網絡。

培養藝術教師領導角色的研究

雖然近幾年有關在職美術教師的研究愈來愈多，但是針對美術教育的領導角色人員的培養之研究仍然不多。Zimmerman 一直致力於發現是否現職教師能透過脈絡網去建立社群的關係、能採取主動去改進他們教室的習慣、積極地致力於他們有紀律的內容，並且最後能變成學校或社區中領導者角色；最後，Zimmerman 提出兩個研究：一個是針對在 1994 年參與美術資優課程（ATP）的十八名參與者的研究，另一個則是一個針對 1990 年至 1994 年曾經參與 ATP 的所有老師所寄發的一個調查。

研究方法、資料蒐集和分析

參加 1994 年 ATP 課程的十八位老師，暑假期間參加三個重點團體去討論和 ATP 有關的議題。她們申請書中的資料顯示這是一群在她們學校主動領導的教師。這些教師像是 ATP 的重要團體，作為一個大範圍的代表（包含年齡、經驗、教學情境、年級及文化、種族及種族之間的背

景）。除了一個男生之外，這些老師的共同特性就是她們都是女性美術老師。

Zimmerman 也調查從 1990 年至 1994 年參加 ATP 的全體五十四位學生，這其中還包含 1994 年的那組參與者。這個問卷調查是為了確定這些教師是否能在她們自己的群體中被賦權並仍然維持領導的位置。

參與 1994 年 ATP 活動的十八位教師加入三個重點團隊中的其中一個團隊；有兩團隊是由新的 ATP 成員組成，而另一團隊則由舊成員組成。寄送給所有 ATP 結業會員的調查表是由十一個問題所組成，主要目的是在調查這些會員在領導角色、經費申請、學校角色的轉換、創造給美術資優學生的機會、已出版的著作、主動成立的高能力美術課程、他們現在的職位，和參加 ATP 後所得到的成果。內容的分析上主要是用團體之間的討論紀錄和問卷結果來做分析（Zimmerman, 1997d, 1997f）。

研究的成果

ATP 的會員經歷過很多角色的變換，例如有些曾任系所的主任或是執行廣大區域的藝術計畫。他們也會和其他的 ATP 會員連繫，改變他們的教學、建構課程，並獲得自信心；他們也繼續他們的正規教育，並持續進修。

他們的學生曾獲得許多獎學金和獎勵，也贏得許多美術競賽，並變得更勇於挑戰。ATP 的成員也接受其他 ATP 成員的支持去從事有意義的事，進而得到尊嚴，變得對教學更有熱忱，並且能為他們的美術計畫取得外來的資金。個人的成就包括經歷自我的脫胎換骨、教學上的獎勵，和獲得行政上的支持。

研究的討論與結論

這個研究顯示大多數的參與者達成其所擬訂的 ATP 大部分目標，並

透過焦點群體和問卷調查的回應證明這個經驗幫助他們找到屬於他們自己的聲音。大多數的人都獲得關於藝術內容方面的知識、贏得自尊、為他們的學生創立新課程、和其他人合作，並且變成有愛心和富有權威的領導者。而這些領導者都能在他們的教室、社區或學校，和其他州級以上的地方建立一個正向的改變。

ATP 的教學主要針對內容、教學策略和對成為美術資優教育領導者有興趣的在職教師的未來增能（empowerment）訓練。從問卷調查及團體討論的過程中，我們已經可以得到一個初步的架構。而這個架構顯示出透過主題及理論知識的增加、自信心的建立和擁有選擇權力的狀況，老師最終能和其他老師合作並在他們私人生活或專業領域上有所改變。這結果導致老師能在他們學校、社區和州級的組織中擔任新的領導角色。

有關發言權與領導統御的協同研究

發言權（voice）在當代男女平等主義者教育學的文獻裡已經變成教育和其他專業背景的一種壓迫和緘默婦女的象徵。許多當代作家把它當作他們著作的書名：《言辭之外：導引超越女人的沉默》（*Without a Word: Teaching Beyond Women's Silence*）（Lewis, 1993）；《不同的聲音：心理學的理論與女性的發展》（*In A Different Voice: Psychological Theory and Women's Development*）（Gilligan, 1982）；《女性的認知方法：自我、發聲與理智的成長》（*Women's Ways of Knowing: The Development of Self, Voice, and Mind*）（Belenky, Clinchy, Goldberger, & Tarule, 1986）；以及《說出當前的夢想：當代女性藝術家文學著作》（*Voicing Today's Visions: Writing by Contemporary Women Artists*）（Witzling, 1994）。

Zimmerman 和 Thurber 協同合作一個概念的模式為發展在職藝術教師的發言權。此一模式從教師自己和他們學生的發言權互換開始。對於發展他們私人的發言權而言，透過自我反省、證實自己的經驗、協同其他人與

他們的發言權的結合、發展公開發言去影響政治行動的改變是有必要的。他們教導在職教師們的重點是鼓勵他們在勝任教學之餘扮好反應意見的實踐者，在師生團體中參加說明和批評並在公開討論的場所提出相關問題的分析。教師們一旦得以增能，那麼他們就能公開表達意見、擔任領導者的角色，並找尋機會與其他教師分享他們的心聲。

　　這個過程的一個重要部分是協同會談。教師應該成為團體的一份子，並拋棄個人成見。在團體裡，他們能以反映的方式彼此分享內心想法。他們能透過同儕的扶持與參與理論、實務的談論而建立表達意見的信心。最後的結果可作為在職教師發展他們專業意見建構他們的班級，因此他們的多樣性是可預想到的，而每個人的意見也能被聽到。Maeroff（1988）透過破除隔離與建立電腦網路強固教師信心、增加題材和教學知識，以及促進教師決策能力的學習，發現在職教育是增強教師能力的有力工具。Darling-Hammond（1993）曾暗示當教師們參與學校革新時，除非行政和專業的在職教育課程提供機會給教師練習他們的集體發言，以及爭取成就感，否則學校革新是無效的。既然如此，那麼這些努力的成果就關聯到公平與社會正義。

研究方法、資料蒐集和分析

　　Zimmerman 描述她帶領 ATP 參加者一起對話的經驗，透過賦權給他們使他們去發現個人聲音（personal voices）、發展與其他人共同發言（collaborative voices），並且形成追求改變他們當地社會環境以及廣泛議題的公開發言（public voices）。當資料得自調查結果、主要群體討論，以及班級評量強調在職教師透過教師個人的、公開的、集體的發言呈現教師增能時，發言權所扮演的角色在 ATP 裡是顯而易見的（參閱先前有關調查和焦點群體資訊的研究）。

研究的成果

私下發言（private voices）　對於 ATP 的參加者而言，發展他們自我反應的聲音與具有說服力的意見都是重要議題。學員表示反應自我的教學實踐使其更具信心，而認為受到尊重者依序為家長、教師、行政人員及社團成員：「反思自己的教學實務給自己新的意見，意圖為我的學生進行有意義的教學計畫，提供社區支援。」並非每個人都發現到讓自己的意見被聽到或被接受是件容易的事。根據很多 ATP 參加者所言，每個人透過自我反省發現自己的意見：「於是我覺得我所提出的見解是有價值的。」

　　有些 ATP 參加者覺得自己得以增能，而且在他們執教的學校發言能被聽進去。其中有一位說：「我有一計畫，此一計畫即將實行。藝術受到我的學校的重視。」另有一位解釋：「我不再是收容機構的看護者，而是一位被器重的教師；我在態度上的改變明顯可見，所扮演的教師角色也得到支持。」有些 ATP 參加者發現他們自己不斷地尋找新的挑戰；其中一位說明他遭遇障礙並克服困難：「我覺得我遇見藩籬而跨越藩籬準備繼續前進。難度愈高，但我愈努力去克服它們。」

集體發言　有些時候有些 ATP 參加者發現他們所要表達的意見，而與其他 ATP 學員建立關係網路能幫助他們變得更有效率。在他們成為 ATP 的一員之前，他們覺得孤獨絕望，許多教師說：「在我的學校裡，我處於邊緣位置。因為沒人關心而覺得自己地位低下。於是結合其他人，如此一來就可能成為活潑有力的教師。」與其他藝術教師彼此交換意見的價值在整個焦點群體以及調查回覆中獲得迴響。有位教師發現：「那裡有一種氣氛促進分享、成長、創意調查的機會，且是發表我自己的思想和觀念的安全處所。」另一位教師則解釋：「我的體驗就是一種回憶。雖然我已經參加研討會也讀過論文，但那並不像與其他願意分享新穎而又富挑戰性觀念者一起生活和討論問題。」

　　誠如一位教師描述「人性連繫的重要元素」被認同，因而產生增能與自信的感覺很明顯。一些代表性的評論是：「聯合領導（collegiality）已經賦予我和他人勇氣去維持成長。知道有同事支持你是增加信心的最佳促進劑。」而「我們透過彼此間聽取訊息、分享訊息、交換訊息而相互理解。全部成員都被接受，人與人之間並沒有誰比誰重要的待遇」。另一教師的意見則總括了與他人一起工作和發展集體發言所產生的能量：「目前，似乎變得更有可能了。」

公開發言　跨越教室讓公眾聽到他們的聲音是許多學員表達的主題：「我認為將藝術納入社區是絕對必要的，了解藝術家、了解市政府的運作、透過公眾立場提供每一事件的文件。」許多意見也表示一些 ATP 參加者要採取行動並影響他們學校的改變：「當我回去教書時，我覺得我會引發許多困擾。我試著想方法在不疏遠他人的情況下去造成改變。」

研究的討論與結論：藝術教育發言權

　　如同 Thurber 和 Zimmerman 的調查研究與教學的經驗所發現的結果一樣，他們針對發言權的觀點，建構了一套概念性的架構，他們認為這個架構很適合於在職的藝術教師（見圖表 4.2）。當他們聚焦在職教育課程的教師─領導者專業成長時，肯定可以讓女孩們大大方方的發言。

　　在這個模式裡，當他們成為個人而又是專業的教師時，她們是反映現狀的從業者，私下的發言（個人部分）描述教師如何開始去體驗個人的發言與增能。自覺和自治是專業訓練過程的關鍵結果。與同儕建立集體的發言（專業的自我部分），以及在職課程領導者提供機會給教師們表達和交換想法，此一變遷已超越個人增能並自主地擴增知識內容和教學法，就個人的專業經驗背景而言，是已經產生效果並且提升了彼此溝通和分享集體專業卓見的可能性。有些教師領導者得以增能去進入活潑而又公開的活動場所，並開始進行教育改革。然後公開發言（社會行動的自我部分）變成

⊙ 圖表 4.2　在職進修教育的發言權展現程序圖

個人自我
私下發言

結果：
■ 作為一個能自省、自覺實踐者
■ 自己的經驗確認
■ 自律
■ 個人增能

專業自我
集體發言

結果：
■ 作為學習者共同的經驗以及增
　加的教育學知識
■ 分享經驗
■ 一個分享觀點的溝通
■ 專業性賦權

社會行動自我
公開發言

結果：
■ 透過道德倫理和社會行動的政
　治改變
■ 透過公開討論證實領導才能
■ 批判性的探索
■ 賦權給他人的領導

可能時，這些教師變成教育改革的代理人。不論是個別的或共同的，教師領導者應透過他們公開的、倫理的、道德的、社會的行動去增能其他人。表現形式可以包含擔任區域性或全國性或機構的領導、公開創新的研究，或結合社團的力量去執行有真實價值的教育計畫，以觸及那些在社區裡未能受到政府足夠關心的人員。Thurber 和 Zimmerman 已經繼續進行他們的集體對話，藉以取得對美術資優教育的在職教師們個人的專業能力以及公眾心聲的更深入了解。這些教師都有信心運用他們個人的和專業意見去影響他們任職的學校、學區、社區及這些區域之外的教育改革。

給美術資優教育的教師們的建議

以此一領域的文獻、我們所執行過的研究，以及我們對於教師特質與教學策略研究的實務經驗為基礎，我們樂意為從事美術資優教育的老師們提供下列意見：

建議 1 雖然教導學生學習藝術技巧與專業技能對美術才能的發展很重要，但是教師也應針對每一學生的才能和發展策略去處理個別的需要。教師能批判性地反省他們的教導責任之外，鼓勵他們的學生體察自己的能力，設定往前發展的高水準目標也很重要，並且為自我表現尋找多元方法。教師們應鼓勵學生省思他們創作藝術的目的，以及從事藝術探究與藝術製作的動機和背景。

建議 2 當引導學生參與「觀賞藝術品與討論藝術品」的活動時，藝術資優生的教師應該發展策略，讓他們的學生在藝術活動中感到自信。學生應被鼓勵發現問題和討論議題，以及關心他們藉由探討視覺文化的創作對象所引發的問題。透過含有公正客觀探討的藝術欣賞活動，學生能發展問題解決的技術，並理解地方性與全球性的一切藝術。

建議 3 給教師增權發展他們私下的、協同的和公開的發言，使每位教師的地區性社團增進藝術才能更具成效。就像一個群體一樣，這些教師有潛力去運用他們有力的主張成為所有學生完美而又公平的教育社會行動。發展教學策略去配合美術資優學生的需要應該是任何階段資優課程優先考量的課題。

課　程

ᘓ 圖 5.1　一位參加印第安那大學夏令藝術學院的七年級學生在參觀過印第安那大學的「溫室」後所製作的麻膠版畫作品

瑪 蘭報告（Marland Report, 1972）、美國聯邦政府教育局及聯邦
立法機關為了因應資優兒童需要，針對已被鑑定為智力、創
造力、學科、領導統御、視覺藝術和表演藝術等方面具有特殊能力的兒
童，要求特殊教育提供他們所需要的課程。學校通常並不會提供這類課程
（Gifted and Talented Children's Act, 1978）。在視覺藝術方面，提供特殊
的服務和活動是一件很困難的事，因為大多數的學校藝術課程都有其完整
的特性。當我們發展支持藝術才能的課程時，需要建立一套導引「課程決
定」的哲學基礎、宗旨、目標、架構，並界定此一特殊服務和活動的提供
與平常學校所提供的不一樣。為達到上述需求，它需要從獨特的服務和活
動中導出一套課程架構。

在本章裡，許多課程架構和實務上的運用，均提綱挈領地勾繪出適用
於美術資優教育的計畫。一套美術資優教育的課程架構和課程均依據培育
藝術才能的需要而發展出有系統的內容。此一配合美術資優學生獨特需要
而設計的課程之相關議題也在本章加以討論。所介紹的許多課程模式均有
助於發展出不同於一般學生所需要的課程綱要。課程模式和架構受到美術
資優學生所居處的文化和教育環境的影響，因此提供適應藝術專業角色的
課程內容和架構。接著，描述以社區為基礎、為美術資優學生而設計的藝
術課程，並介紹這些課程的概念。最後，針對培育美術才能的需要而正發
展中的課程簡要地提出一些建議。

美術資優課程的架構

1983 年，我們為視覺藝術教育擬出涵蓋許多課程導向（社會中心、
學生中心、教材中心）與課程要素（學生、教師、內容和環境）的基本課
程架構。為了適應藝術資優學生所需要的特殊服務和活動，學生、教師、
內容和環境的每一要素都需要調整，使一般學校課程成為美術資優學生所
需要的特殊課程。

　　社會中心課程強調的是透過了解社會價值和引用廣闊的社會問題以應對社區生活的需要。學習活動有如群體需求和喜好逐步形成的結果。教師的主要角色是扮演學習的協調者與傳遞者，導引學生在努力學習過程中應對社區的社會需要。在藝術課程裡，將著重於幫助學生了解藝術在社會中扮演的角色，並透過藝術表達社會價值。藝術資優學生也能學習採取社會運動者的地位去改變那些他們認為合乎他們學校或社區的措施，例如學生藝術未能充分融入社區事務，要學生寫信給地方官員要求在社區提供藝術才能發展的特殊計畫。

　　在學生中心課程裡，喜愛藝術和需要藝術的學生決定課程內容和架構；個別的問題解決和自我表現是主要的方法。教師的主要角色是從旁協助每位學生表現，以及作為每位學生的教學輔導者。藝術計畫的重點是幫助每位學生表達他們個人的需要和發展他們的能力和藝術才能。

　　在教材中心課程裡，重點是學科知識的分類和組織；學習活動強調方法、技術和學科本位的領悟。教師的主要角色是扮演知識內容的計畫者與知識、理解、技巧的教學者。藝術計畫的重點是發展學生藝術製作技巧、批評、鑑賞等概念性理解的需求。

　　傳統的學校課程計畫已經在學校教育裡提到上述三個不同的中心導向。許多理論專家已經討論過當他們的著力點分別朝社會中心、學生中心、教材中心三個取向發展出來的課程會有何差異（Chapman, 1978; Clark & Zimmerman, 1984; Efland, 1970; Eisner, 1972）。強調一個取向和一個設定目標並不排除其他導向教育目標的考量。加重社會導向、幫助每個人達成個人成就，以及傳遞文化遺產通常被認為是教學的必要目標，其有利於產生文明開化的公民（Chapman, 1978）。在民主社會裡，所有的這些目標和導向必須注意能否符合藝術教育課程的需要。

　　我們界定一般課程為一連串有計畫的學習經驗，這些學習經驗是以發生在特定教育環境內的學生與教師之任務和成果的特定內容為基礎。我們界定藝術課程為與藝術相關的一連串有計畫的學習經驗，這些藝術內容包

含發生在為藝術學習而設計的環境裡的學生與教師之任務和成果。依據此一定義、藝術內容、學生和教師與藝術相關的任務及成果、支持藝術學習的教育環境而建構的適性藝術課程，將是符合特殊需要的。

我們在其他論著裡所建構的完整藝術課程，其重要的學習內容應包含藝術史、藝術批評、藝術製作、美學等相關知識、理解與技巧（Clark & Zimmerman, 1978a, 1978b, 1984, 1986, 1988a）。藝術課程也應該考量學生藝術學習前的準備及發展的程度、派給學生的作業和執行成效，以及教師的角色和有關適當的藝術學習經驗的方法學。教育環境應具體指明包含行政氛圍、環境的支持機制，以及最直接的物質環境等要項的校園、社區和社會藝術學習環境。此一環境尚須界定有助於教師和學生的材料、設備、其他資源和時間等附加條件。一套涵蓋三課程導向的完整藝術課程表列如圖表 5.1。我們相信有關這些要素的所有決策彼此間應該都具有意義的相關性以促進成功的藝術學習經驗。

我們原本提出這個課程架構當作討論良好學校藝術課程的基礎，此一課程架構包含所有課程導向和相關要素的交會面，因此是個完整架構。此一內容提要也應用到美術資優學生的獨特課程。對學生研究多樣性藝術觀點是很重要的，因為它有助於改善社會、促成個人實現，並了解他們的文化遺產。

課程結構的調整只代表需要為美術資優生擬訂計畫和完成計畫。此一獨特群體需要課程哲學和課程目標來引導。他們的教育計畫就如同其他學生一樣需要符合他們特有的藝術學習和藝術發展程度，以及提供適當的藝術作業指派和成果驗收。美術資優學生的教師應了解課程哲學和目標導引決定他們的角色和策略適合於教育課程的多樣性觀點。藝術才能學生所要學習的內容應定位為速進的和加廣的學習經驗。特殊課程所需要的環境可能是校園內的、博物館內的、社區機構的或其他有助於藝術資優學生教育的場所。課程內容要符合學生在視覺藝術方面的高度興趣和能力、要創新能考量他們能力的方式，但同時又不同於其他學生。至於鑑別美術資優學生課程的方法將於下一節討論。

◉ 圖表 5.1　藝術資優教育的課程架構

	學生	教師	內容	環境
社會中心導向	做好準備並採取行動，參加能促成社會發展和獲取知識技能的藝術活動	以社會互動模式扮演藝術協調者和傳遞者的角色 透過社會互動策略獲取藝術知識	採取社會導向，從美術史、美術批評、美術製作和美學等面向去選擇藝術的內容	行政安排、教材和環境均以有助於社會發展和藝術相關知識及技巧為原則
學生中心導向	做好準備並採取行動，參加能促成個人發展和獲取知識技能的藝術活動	以個人資源模式扮演藝術協助者和輔導者的角色 透過個人的自我成長策略獲取藝術知識	採取個人導向，從美術史、美術批評、美術製作和美學等面向去選擇藝術的內容	行政安排、教材和環境均以有助於個人發展和藝術相關知識及技巧為原則
教材中心導向	做好準備並採取行動，參加能促成概念理解發展和獲取知識技能的藝術活動	以資訊處理模式扮演藝術課程規劃者和教學者的角色 採取概念理解策略，透過藝術學科和文化遺產的研究獲取藝術知識和技能	採資訊處理導向，從美術史、美術批評、美術製作和美學等面向去選擇藝術的內容	行政安排、教材和環境均以有助於概念理解發展和藝術相關知識及技巧為原則

為發展藝術天賦而規劃的不同課程

　　與一般教學有所區別是培育藝術才能課程計畫的一個重要觀念。此一差別教學著眼於重質甚於重量的學習策略；加重相同的內容並不等於在質的方面提供不同於多數學生的學習經驗。在這些種類的經驗裡展現多樣化的內容、歷程、成果、學習環境、評量都透過個別和全班教學得到增長。提供具有差別性課程給美術資優學生應該有別於那些可能只適合於全校學生的加廣內容。假如所有學生都被期望在差別設計的課程學得好，那麼這個課程就不被認為適用於美術資優學生（Clark & Zimmerman, 2001a）。

　　兩個影響我們實施美術資優課程（ATP）和 ARTS 計畫發展的模式是全校充實三合一模式（School-Wide Enrichment Triad Model, Renzulli & Reis, 1994）和旋轉門鑑別模式（Revolving Door Identification Model, Renzulli, Reis, & Smith, 1981）。全校充實三合一模式是十五年研究與現場測驗的成果，它結合充實三合一模式（Renzulli, 1977）和旋轉門鑑別模式。在類型 I 裡，研究經驗全提供給學生，包含校外教學、專題講座、博物館課程、藝術表演，以及讓學生接觸非學校正規課程的新主題和觀念。類型 II 充實制的活動均為提供條理思考和情感處理的機會而設計，對於學習而言，這些活動都是最根本的。學生們被鼓勵去學習進階參考資料和研究技術，例如研究設計和資料的闡明、計畫的參與、決策和研究結果的預測、參與進階電腦程式設計和圖像製作簡易課程，以及學習特定的科技。類型 III 的活動聚焦於才能卓越學生之個別和小群體真實生活的調查研究。類型 III 的活動裡，教師鑑別學生的興趣，為學生計畫找尋適當的出路，提供方法學的協助以及幫助學生做好公眾調查。對藝術學生而言，創作藝術品和公開展示藝術品，撰寫和利用電腦繪圖程式替代資訊，或在地方報紙上發表文章都是類型 III 活動的例子。旋轉門鑑別模式讓學生依據他們的興趣和能力去接受才能發展課程計畫。因此，學生能以三個月時間研究特定的主題——例如建築物的維護，並且在介紹另一未能引發興趣或不符他們學習能力的主題時退出計畫。

　　當教師在居家社區推展這些模式時，這些模式常提供 ATP 和 ARTS 計畫的架構給他們。教學單元著重於藝術形式和藝術製作過程的特殊主題，這些主題都是讓學生探究新概念和引發學習興趣。有些學生則繼續探究高層次的思考、運用進階的研究技術，進而參與深入的探索和有關特定主題的藝術品。

　　另外，來自教育學家的其他有關發展藝術才能的建議都用來幫助 ATP 和 ARTS 計畫的教師發展他們的課程單元。這些單元引用問題發現和問題解決及結構式和非結構式的作業、獨立的學習單元、與其他學科統整，以及挑戰他們的藝術資優學生的廣泛作業任務。Maker（1982）

和 Tomlinson（1995）的課程發展模式建議如何將內容、歷程、成果、學習環境、評量改進策略應用於藝術才能發展的課程（不同於一般學生作品）。關於構想、概念及實務的內容修訂，重點是在抽象、複雜性和多樣性；主題和關鍵議題；藝術科方法的研究；理解重於記誦；以及主題對學生生活的關係。關於過程的改進，考量的是教材、活動和問題如何被提出。焦點是放在較高程度的思考、沒有明確答案的開放式學習活動、熱心主動的探索（學生自由選擇所要探索的主題）、與先前了解的相關資訊、參與群體互動和觀摩（從中培養領導統御技巧，並調整步調與適應多變的學習狀況）。成果報告、藝術品和類似專家的作品展演改進都是以真實問題提交真實的觀眾（如城市會議委員），並展示於公眾活動場所。學生們被鼓勵去交融多方面的資訊，並及時接受教師檢視和完成工作。學習環境的改善包括學生中心策略並允許選擇問題研究、公開而又有彈性的改變、讓學生走出教室去作他們的研究並完成計畫。評量的改善包括形成性與總結性評量的應用，並清楚解釋由學生和教師研發的成功準則。

藝術資優課程範例

　　為期四年的每一個夏天，我們共同指導為期兩週的美術資優課程（ATP），此一課程是印第安那州教育局提供經費而由印第安那大學為在職教師們辦理的活動。主題式單元教學是教師們以 Renzulli 和 Reis、Maker、Tomlinson 的模式、Feldman 的一般到獨特的連貫模式，以及我們的視覺藝術學習的經驗架構為基礎（最後的三個模式在本章下兩節提出）。主題式教學用於增加複雜性、加深藝術研究的相關內容，以及與其他科目的統整。在這些方式裡，學生們被鼓勵去驗證事實、規則和概念之間的關係。被轉換成課程單元的各式主題，包括改變、對立、模式、動力、勇氣、滅絕、調適、協力合作。

　　ATP 教師所發展的主題式單元教學之一「超乎眼睛所見：建築物維護的體認」（More Than Meets the Eye: Architectural Preservation Awareness）

是為四、五年級學生設計的單元，此單元包含社區建築研究（Cole, 1993）。在這單元裡，學生們對照並比較形塑建築的價值和哲學。這些學生調查研究空間如何被運用、存在於他們社區的價值爭議何在，以及運用美感標準評量建築設計的重要性。在繪畫技巧方面，教導他們活用各種技術。為了培養學生了解當代建築師的作品，在研究地方歷史意義、絕跡的建築之後，每位學生選一建築然後為它設計新的用法，並結合徒手繪畫和電腦製作的影像。

另一個為四、五年級學生設計的單元：「印象主義繪畫如何反映 1880 年代的社會衝擊」（How Impressionism Reflected Social Impact of the 1880s），包括研究印象主義畫家和他們如何受到歷史與社會因素的衝擊（R. Johnson, 1993）。學生學習而了解 1800 年代後期的藝術家均受到當

㊂圖 5.2　印第安那大學夏令藝術學院七年級學生所畫的室外風景速寫

時世間許多改變的影響而這些改變都反映在他們的藝術作品裡。學生執行開創新局面的攝影研究，而其他發明如可拆卸的管裝顏料，這種管裝顏料使畫家能輕易地到室外作畫。然後，每一位學生蒐集他們想描繪的室外風景照片，他們運用這些照片畫了許多速寫作品並完成構圖，其象徵在一天之中某特定時間對景色的印象。

　　其他教學單元是發展來教初級中學的學生。「社會問題和藝術：藝術家如何運用他們的才能去幫助他們的社區」（Social Problems and Art: How Artists Can Use Their Talents to Help Their Communities）以愛滋病議題為例（Grube, 1993）。學生學習藝術家用他們的作品探究和面對他們社區裡的社會問題。這個單元需要「問題解決」、確定決策，以及藝術品的銷售。

　　「盒子：私人的／公眾的空間」（Boxes: Private/Public Spaces）是為高中學生製作的單元。其重點是放在「盒子」這個主題上，它象徵從出生到死亡的人生歷程（Andrews, 1994）。空間、時間和能量並置的主題提供學生從事創作的新途徑。學生研究空間心理學、探究建築技術，並為不規則空間和形狀之間的關係找出解釋方法。學生也調查各物體和它們的資源、分析整體特性、將他們自己的藝術製作連結到個人的經驗上。這單元的成果是有一個學生設計一個在燈箱（shadow box）裡的小型日本冥想花園，他寫道：「創作這個花園的經驗幫助我了解：視覺經驗得自觀者的洞察力，因而一些藝術品時常改變。」

　　被鑑定為美術資優的學生需要一套為他們設計的課程，此一課程必須提出適當的內容、歷程、成果、學習環境、評量。教師、課程協調者、行政人員和社區指導者應該選擇一個符合學生背景和他們居住社區價值的課程設計；稱職的教師要負責建構發展藝術才能的課程；以及地方、州和國家的標準。許多課程模式已經提供發展和設計不一樣的課程，目前還有許多其他模式也能應用於這項工作上。下一節我們將提出並討論我們為所有藝術學生創立的模式，而且其已經應用在培育美術才能的課程上。

以視覺藝術學習經驗為導向的藝術課程結構

視覺藝術的研究對所有學生的教育課程而言是不可或缺的工作，它的目標是發展個人的、社會的以及認知的技術，這些技術是踏入民主社會所需要的。就如一般課程的一部分，恰當的藝術經驗應透過藝術學習的指導促進學生個人的、社會的、感知的及觀念上的成長。視覺藝術應該加以研究，以用於幫助學生了解與欣賞主要藝術傳統所要用以溝通的感情、概念和價值觀。若沒有把藝術當作個別的學科，也不把藝術當作一般課程的一部分，那麼學生的學習經驗就不完整。

我們相信每位學生都擁有某種程度的藝術才能，同樣的也擁有學術和智慧能力。人們普遍同意：一個人在成就測驗或智力測驗上經過仔細的測驗都會得到常態分配分數總量表上的某一分數。某些學生得到低分，多數人得到中等分數，某些人則得到高分。成就與智慧其中包含著許多高於平均數與低於平均數的差異且易於受文化與社會價值的影響。特殊環境影響下的價值觀反應出學生在標準測驗的成績，而且值得注意的是：這種測驗都是經過多數學生群體的客觀考驗。

誠如我們研究所得結果，我們相信藝術才能就如其他能力一樣，在全球人口中是呈常態分配狀態。因此，在視覺藝術能力方面有些人會被驗證僅具有低的能力，多數人屬於中等能力，而某些人則得以證實具有高能力。雖然對每個人而言，藝術能力只是一種與生俱來的能力，但它也受到教育的影響；因此，每位學生都能培養他們的藝術知識、技能和能力。

大多數的小學、國中、高中美術課都有廣泛連貫性的範圍，其授課對象從初學的學生或具有才能而未開發者，銜接到各年級學生或中等能力者，也銜接那些具有高階能力或才能精練、成熟的專家。教育結構內容的效益就是讓教師能適應全體學生的需要、符合學生能力，包含教導中等以下、中等、中上及高能力學生。至於用於補救的、一般的、加速的藝術活

動機會則在內容的架構上，以配合各種不同成就的需要。

專家角色模式

　　視覺藝術專家的活動提供資源以供視覺藝術課程設計之用，這些資源詳細描述複雜的當前議題，例如視覺藝術在各種不同文化中所扮演的角色、環境和社會的考量、藝術才能發展，以及增加創造力等。藝術家的專業實務都是具有視覺藝術獨特性的相關教育活動。顯然地，雖然有些時候學齡學生能從藝術家身上體驗到他們的工作和成果，但兒童不可能被視為是藝術專家。當為了維持理解每一個互不連接的專家角色應該在課堂實務上與其他角色統整時，可能需要鑑別和界定適合於專家角色的內容和學習經驗（Clark, Day, & Greer, 1987; Clark & Zimmerman, 1978a, 1978b, 1981, 2000）。

　　這並非新觀點；科學、數學、音樂及其他主要學科和學術資優課程一直教導高能力學生在他們自己領域內的作業和任務要表現得近似專家的工作。然而，這些執行者所扮演的角色該怎麼做才正確？他們必須具備什麼知識、技能和認知？建構美術教育課程和計畫的過程中，這些都是必須考量的問題。藝術家創作藝術品；藝評家分析、解釋、批評藝術品；藝術史家為藝術品的地域、風格和歷史背景定位；美學家帶來藝術理論和美學並發展藝術判斷的標準與決定作品的意義。這些專業考量藝術創作背景的社會意義。當我們給藝術下定義時，藝術包含種種作品，其中尚包含重疊多種類別的藝術，例如民俗藝術、局外人藝術、女性藝術、手工藝、非西方的藝術、視覺文化、流行藝術、旅遊藝術、電腦繪圖、工業設計、建築和廣告藝術等等。就如其他課程一樣，視覺藝術課程的內容必須適切配合學習者的需要，依發展的順序妥善安排。任何視覺藝術學習經驗的結構應該依據重要的見解：全部的學習者需要有計畫的教師指導和一連串的學習活動。此外，了解此一結構的內容必須密切配合兼顧一般藝術教育與資優教育師生需要的州與國家標準也很重要。

我們已設計一套「視覺藝術學習經驗的架構」（Structure for Learning Experiences in the Visual Arts），此套架構區分為許多類別（見圖表 5.2）。它包含七個連續階段，始於起點階段（Entering）或樸質階段（Naive Stage），而止於結尾階段（Exiting）或成熟階段（Sophisticated Stage）。在起點階段與結尾階段之間有五個屬於教師指導（Teacher Interventions）與學習經驗（Learning Experiences）的階段（導入、初級、中級、高級、專家程度等階段）。未經教導的學習者在起點階段裡尚未受到教學的影響，而那些達到終點階段者可能成為藝術專家，通常他們所需求的甚至超乎正規的教師指導。「樸質階段」的學習者製作無技巧可言的藝術品，對

⊙ 圖表 5.2　視覺藝術學習經驗的架構表

起點階段	教師指導與學習經驗的階段					結尾階段
樸質 階段	導入 階段	初級 階段	中級 階段	高級 階段	專家 階段	成熟 階段
藝術創作 無技巧的藝術 製作者						藝術家 專家認定的藝術品 創作者
藝術批評 對於藝術品只 作純粹主觀的 報導和無資訊 背景的判斷						藝評家 對於藝術品的評述 和判斷具有客觀準 則
藝術史 對於藝術品的 歷史背景缺乏 理解						藝術史家 對於藝術品的歷史 關聯與文化背景的 公開評述可被專家 社團肯定或否定
美學 對於藝術品的 評述純屬主觀 的報導和無知 的偏好						美學家 對於藝術品的本 質、理論與標準的 公開撰述可被專家 社團肯定或否定

藝術品的反應也是主觀的和心理上的描述。他們也展現無知的判斷和純屬主觀的偏好，這些都是無法公開表達的見解，而且他們的藝術製作和理解都是不成熟的，同時也缺乏歷史背景的認知。達到「成熟階段」的學習者對於高品質而又具有示範性的藝術家、藝評家、藝術史家、美學家以及其他藝術專家的作品能展現專業的了解。這些學習者將在藝術品的理解上表現主觀與客觀的反應和闡釋。他們隨著客觀的判斷表達私人和公開的外界評論，展示技巧、知識和個人的偏好。

　　此一架構裡，學習者從樸質階段依水平方向發展至導入階段是接受起點經驗以準備接受教師的進一步指導。在初級階段，因提供較高難度的學習任務而使學習者減少了樸質。在中級和高級階段，因教師的指導和教育環境的接觸而減少了樸質，而使藝術技巧和知識提升到高的層次。隨著教師的努力指導，學習者的藝術理解、認知、技巧發展至近乎專家水準。但是即使是專業的成年人也很少達到理想的最終階段。

　　我們主張：全力執行一個任務時不應全然偏重教學或學習者的經驗，也不應局限於任一時間。全部的工作任務應在課堂實務上加以整合，並與其他課題整合。在以這個模式為基礎的課程裡，學習者應被教以藝術專業角色的相關工作而且教學應依序提高難度。圖表 5.2 裡那些空白表格的內容將被解釋並用於一些驗證此模式能應用於實務的教學範例中。

視覺藝術學習經驗的組成要項

　　內容的排序將重點放在重要的技巧與理解（使用不連接的學習活動）。圖表 5.2 的第一欄顯示樸質階段以下四個內容的主要組成項目分別為藝術創作、藝術批評、藝術史、美學。同時在每一主要項目下都有四個或更多的次項目。雖然這些主要項目著重於根本的重要工作和對相關各項目的了解，但是它們的內容不排除所有可能因素。每一主要項目提出一個累積各學習階段的進步成果。這些階段依序為導入，再而初階，再而中階，再而高階，再而成為具有專家水準的學習者。圖表 5.2 所呈現的這些

空格建議學習者從導入到專家水準的藝術發展之適當內容重點如下。例如藝術創作項目有四個次項目：媒材與技巧、觀念與知識、學習者藝術品的評論，以及學習者藝術品的個人風格。每一次項目包含教師的教學影響與學習經驗，從導入階段到專家階段逐一描述。

藝術創作

　　媒材和技巧是從導入階段、探討經驗的引導開始發展至更多技巧要求的初階、中階、高階經驗，在這過程中，可以探索到特殊媒材的限制和可能性。這些經驗發展至將專家層級的媒材和技巧應用於藝術作品的創作。

　　有關藝術製作觀念和知識的培養始自導入階段探討性概念的體驗。在初階、中階和高階學習中，逐漸增加媒材運用技巧難度的工作到必要的概念和知識的應用。到了專家層級，概念和知識的了解在相當成熟的藝術品創作中得以印證。

　　在學生已經有媒材應用經驗和概念上的探索經驗之後，學習者藝術品的評論就開始了。在初階、中階和高階學習中培養適切的批評技巧。到了專家層級時，學習者在學習過程中或當他們完成作品時，從品質上批評自己的作品。

　　學習者藝術品的個人風格只呈現在高階學習階段，汲取先前的學習經驗和各種不同的藝術家風格。到了專家層級時，成熟的個人風格於是積久成型。

藝術批評

　　描述的語彙和類別都從導入階段的經驗中開始發展，在這階段中，學習者開始使用基本的詞彙，最後透過專家層級的描述和分析養成藝術品分類的能力。

　　前後關係背景的評論從藝術品的簡易認識開始。直接的描述和分析經驗、強調藝術品的觀察品質，引向更高的、專家層級的描述、分析、闡述和專家判斷。在高階時，也研究藝術品創作的背景和環境，進而導向現象方面與前後背景關係的評論。

　　將了解藝評家的作品發展為學習經驗，由藝術品無區分的討論開始，並透過許多特定藝術品的直接口頭討論。到了高階時，學習者閱讀、研究和分析藝術評論以利了解藝術評論者的作品。

　　撰寫特定藝術品的評論由主觀的、不區分的判斷開始。這些產生澄清主觀與客觀標準和判斷間區別的成功學習經驗和藝術品的個人闡述。

　　後續的評論提供高層次的機會給學生分析和批評藝評家的作品。

藝術史

　　藝術史的研究從強調文化手工藝品的特定藝術品的探究開始。教師直接體驗初階技術的描述和用於引導分類系統的藝術品分類。學生達到專家層次時將，參與獨特藝術品的鑑定、證實和歸屬。

　　社會文化的闡述從社會和文化對藝術品影響的一般性理解開始。然後涉入工作任務去發展藝術家與藝術品的社會和文化的更進一步的了解。到了專家層次時，學生撰寫藝術品的社會文化詮釋作為公開的報告。

　　撰寫藝術史從藝術品的時代連貫性上去作簡單的了解開始。在初步發展階段的學習者被介紹學習和應用一般必要的歷史。在此背景下，教師要中階和高階程度的學生學習特定的藝術史研究法。到了專家程度的階段，學生開始藝術史的研究，例如撰寫公共評論的報告。

　　到了高階與專家程度時才教藝術史的轉變。高階時，教師指導研究（teacher-directed study）包括多變的和一致性的藝術史方法學和理論。到了專家程度階段，學生批評藝術史學家的著作，並寫有關文化史的藝術理論和藝術史學家著作的評論。

美學

在導入階段裡，描述的語彙和類別包括未受教導的藝術品討論，較高層次的學習經驗包含逐漸增加的適當語彙和分類技巧。在專家層級時，學生在討論藝術品時使用優美的詞彙和分類技巧。

當討論藝術品時，品質的標準從一般的使用標準開始。當學生進步時他們運用高階資源的美感標準於藝術品。進階學生以美感標準證實他們的陳述。

在美感標準、通曉哲理的方法並了解各種不同背景的美感偏好之基礎上，從初階到高階的練習，描述、分析和闡釋的品質，透過美感標準把美感偏好培養起來。具有美感地去體驗和評價藝術品，在專家程度時養成優雅的偏好和品味。

理論化的藝術只要在高階和專家程度時學習，學生會產生藝術和美感議題的理論。

該注意的是藝術評論家與美學家所扮演的角色傾向於任務類似但在不同高階產生差異，教育的任務極少與美學家的專業工作相同。

速進制與充實制的機會

我們已經將視覺藝術教育和美術資優學生所需要的整體計畫與課程所需的基本概念擬訂出大綱。在第四章裡，Clark 運用「觀賞藝術品與討論藝術品」（LATA）策略，引導各個不同能力的學生作適當的回應並提出問題。他運用其中的許多任務於「視覺藝術學習經驗的架構」的初階與中階。這是因為他們缺乏對藝術品的教師引導式討論的探究。

速進制的視覺藝術課程可以快速達到增加藝術品明確意義、了解作品的特定觀點，以及提升藝術品的論述與寫作能力。「視覺藝術學習經驗的架構」考慮到學生在許多視覺藝術領域的各個不同能力。具有更好才華和能力的學生能從「樸質階段」發展至更高階段；在同一班級裡，他們會比

一般能力或能力較差的學生發展得較快。

　　雖然在視覺藝術方面的新計畫已經激增，其中許多計畫已經設計完成，並在沒有理論基礎可供參考的情形下按計畫執行。主要理由是理論體系和研究都十分缺乏，而且當地的計畫常隨著臨時的政策壓力或經濟資源而增加。為了使美術資優生獲得有效的教育，出發的起點上要求鑑別的模式必須具有理論基礎，而且此一理論基礎必須延伸到符合這類學生的獨特需要。在下一節裡，將討論我們如何把發展教育的模式所建立的概念包含並統整於視覺藝術學習經驗的架構裡。

為美術資優學生而設計的擴充制課程

　　在西方世界裡，大多數有關藝術發展的教育文獻都認同兒童會經歷三個一般性的階段（Hurwitz & Day, 2001）。這三階段就是一般常提到的操作性階段（2 至 5 歲）、符號表現階段（6 至 9 歲），以及青年前期（10 至 13 歲）。在第一階段裡，兒童探索與操作美術材料；這階段的兒童稍後會給他們所畫的符號命名。第二階段裡，兒童發展一序列的符號，這些象徵符號係來自經驗中接觸過的對象，也關聯到圖像設計的背景。第三階段裡，兒童變得較嚴謹地對待自己的作品，並且比前兩階段少有自發性的自我表現，在他們的作品中帶有較多的自我意識。這些階段的現象在大多數的兒童作品中都可發現；然而，每一兒童的作品包含有獨特特質的卻只有那些特出的兒童。

　　植基於這些兒童圖像發展的階段，Gardner 和 Winner（1982）設計一套藝術發展的通用模式。此一模式顯示所有兒童在幼童階段（5 至 7 歲）所畫的作品帶有許多類似現代藝術家的特質。然而，下一階段的兒童（8 至 9 歲），圖畫作品變得枯燥無味，並且缺乏他們早期的自發性特質。對於那些少數已證實具有視覺藝術和能力的學生而言，到青年中期階段他們的藝術作品又恢復原先水準。這種「初期擁有美感，然後失去它，接著又

恢復初期美感特質」的模式所指的是圖畫發展的 U 曲線軌跡（U-curved trajectory）。David 的研究（1997a, 1997b）支持 U 曲線發展軌跡的存在，也建議大家應該接受此一論點。Pariser 和 van den Berg（1997a, 1997b）在另一研究所作的結論是 U 曲線軌跡的分類模式判斷倚重教育、文化、藝術背景甚於兒童畫的形式和內容。Kindler（2000）和 Kindler、Pariser、van den Berg 及 Lui（2001）在他們有關 U 曲線的研究發現中，認為在創立兒童繪畫 U 形發展順序時，只有少數判斷者曾接受過美術的訓練和教育。

　　研究者主張發展繪畫技巧的成功途徑就是精確地畫出寫實圖像以及熟練透視畫法，這是明顯可見的事實。最近，許多研究者已經計畫許多其他途徑去讓兒童發展他們的藝術能力，而寫實主義只是其中之一（Kindler & Darras, 1998; N. Smith, 1998; Willats, 1997; Wolf & Perry, 1988）。Kindler 與 Darras（1998）的藝術發展模式包含許多始於非專業藝術家寫實的經驗和成就的技巧和能力。雖然階段發展的概念並未被拒絕，但應該調整以適應許多當代藝術才能發展的觀念，例如 Feldman 的有力架構──「從獨特性到普遍性的接續模式」（Universal to Unique Continuum）。

　　David Henry Feldman（1982, 1983, 1985）的著作裡，提出一套美術資優兒童的教育理論。這套理論從兒童發展理論中找出新的觀點。Feldman 主張兒童發展階段有下列特性：

1. 特定知識領域的發現重於兒童的心智。
2. 階段以連續和過程為基礎，重於以階段特徵為基礎。
3. 教育處置的直接影響重於單純的自然成長。
4. 特殊環境控制下，學生能否操作重於學生自發性生產。

　　其他的理論結構來源就是我們的「視覺藝術學習經驗的架構」，我們已經用它來鑑定和教育美術資優學生、教材評量及美術資優教育研究問題的重要綱領。雖然 Feldman 的著作描述教學、學生發展、學習環境等方面的教育觀點，但是都沒有教育計畫的內容說明清楚。我們的架構特別說明藝術內容和教育結構的組織。透過 Feldman 的「從獨特性到普遍性的接續

模式」與我們的「視覺藝術學習經驗的架構」的整合，一個更完整的課程
基礎可以用來導引課程計畫的設計。

Feldman 的「從獨特性到普遍性的接續模式」

　　Feldman 的「從獨特性到普遍性的接續模式」（Universal to Unique
Continuum, UU）透過一系列的連續階段或領域描寫認知發展。它是以
Piaget 的兒童發展理論為基礎，但某些層面並不相同。領域的連續性甚於
差別，也被視為一種漸進的知識體。因此，領域不被當作結構的整體，而
是被視為在特定知識體裡的成就優劣程度。Feldman 的理論不代表領域被
局限於一般的認知發展，而是將領域視為有受文化和教育影響的有前後關
聯、有階層關係的統整。沒有任何領域在兒童的發展成長順序中漏失，但
是它們轉移的過程被整合於每一連續的領域。

　　從一般領域到獨特領域的接續模式由下列五個發展領域組成：

1. 一般領域。
2. 文化領域。
3. 學科本位領域。
4. 特質傾向領域。
5. 獨特領域。

　　此一活動是從一般領域橫向發展到獨特領域，而且依賴許多可產生不
同程度成就的情形。每一領域的成就由逐漸增加的少數人達成。一般領域
（universal domain）包含所有個人都能取得的一般知識，例如熟習語言
的基本要素和獲取大量認知上的運作能力。一般性知識獨立地出現於那些
需要教導的特定知識之前。在文化的學習活動開始發生之前，並不是所有
的一般性知識都需要取得。我們每個人在文化的領域裡都期望去取得某
些文化領域（cultural domain）裡找得到的知識。文化領域所包含的例子
包括能閱讀、能書寫、能計算。學科本位領域（discipline-based domain）
包含特定學科的熟習以及平日發生於校園內的活動；能樂於學習學科本

位領域知識的人要比樂於文化領域的人少。特質傾向領域（idiosyncratic domain）通常由一個學科或一種手藝的「次領域」代表之，它象徵一個人的特殊性，例如專業圖像再現的電腦編製程式應用能力。獨特領域（unique domain）的成就只有少數人能達到，代表一般情況下未曾有人以同樣方法達到新形式的知識或領域內的組織，例如 Einstein 的相對論（theory of relativity）。Feldman 認為只有少數獨特成就具有創意，這些成就結合較大的知識體並且在特殊領域改變思考方式。

這些領域的個人成就有賴於有益的環境條件、教學、透過上述階段持續的進步，以及必要知識的運用。學生能準備從任一個領域移向下一個領域，但是如果支撐的條件未能發揮效用則無法達到領域的轉移。具有才能的兒童將來可能成為成功的藝術家，若沒有得到教學效率好又肯支持他們的教師、觀賞藝術和創作藝術以及接觸學習材料機會，他們的才華將因而凋零。根據 Feldman 的觀點，學生若未順著連續發展的模式直接而又密集的接受教學，他們將無法獲得進步。所有的新知識是在獨特領域展現其原創性。經過一段時間了解獨特性知識之後，使更多的人們踏入更高一層領域的知識而且開始變得有助於人們了解以前的領域知識。知識的擴充有助於人們增加普遍性領域的知識，而對於那些只用專業領域獨特知識的人也同樣有所幫助。

應用美術才能的發展

Feldman 的著作裡有許多觀念直接適用於藝術教育工作者和藝術才能的發展。他的統整領域可用於闡明並告知教學者已經問到有關學生、藝術教學和藝術教育環境的問題。幼年的塗鴉和「蝌蚪」人可以當作普遍性的藝術表現範例。雖然兒童的初始塗鴉和人物畫幾乎完全決定於一般的能力，但是在開始與自然力量互動之前，極少時間超越文化的影響。文化領域衝擊兒童，而使他們開始依據他們所了解的文化價值或周遭環境發展想像力。近來受到日本漫畫書（manga）和科學想像畫影響，導致中小學學

生的超級英雄人物畫激增的現象就是一個例子。文化領域的多數層面和學科本位領域的所有層面都是成人干預和教育活動的結果。當學生開始學習有關特殊媒材的特定技巧——例如依據透視法素描時，他們所表現的是屬於學科本位範圍。學生既喜愛又精通學科本位範圍內的知識，同時進而移向具有特性的區塊。學生精通繪畫要素和電腦繪圖，在專業程度上已進入具有特質的範圍。獨特範圍只有少數已成年的個人能達到，如 Julie Taymor 已經改變孕育並實行於西方世界的服裝設計和舞台設計的方式。此類貢獻若曾被其他藝術家採用便不再被認為是獨特的貢獻。

　　根據 Feldman 的觀點，兒童試圖去畫畫，但是他們的活動不像藝術家一般的發展。他觀察到幾乎所有的學生藝術始於文化領域然後發展到學科本位領域。然而，只有主動的藝術資優學生，能在特質傾向領域裡製作或表現。在教師的教導下，學生應該學習有許多來源的藝術傳統文化觀點，以導引他們能了解自己和其他的藝術遺產與傳統。

Feldman 模式與 Clark、Zimmerman 架構的整合

　　我們為了導引視覺藝術發展各階段學習經驗內容的選擇所計畫的這個架構，是根據學習者從「樸質」和「未教導」的狀態下開始學習視覺藝術的假設，而且在教師指導和教育活動影響下，造就出合乎理想的「成熟」狀態（見上述論述和圖表 5.2）。充實制的美術資優教學所指的是讓學生在這個架構的任一位置上得到比多數學生所能得到的更深層知識、技能和價值觀。

　　將 Feldman 的「從獨特性到普遍性的接續模式」與我們的「視覺藝術學習經驗的架構」整合，而產生一股力量去為所有的學生和藝術資優生在各領域的成就下擴充藝術教育的架構。Feldman 的連續性模式與我們的架構均被斷定為是一個有秩序的漸增複雜性的概念，在此概念裡的橫向發展活動需要教學的投入。那些追求教育者，在兩個架構裡連續階段中都是少數。在受到教育的影響之前，每個人都有視覺藝術的普遍性知識和一些文

化上的認知，但也可能還有顯著的樸質階段所描述的情形。

　　當學生入學或開始接受他們的教育時，他們尚為普遍性的藝術知識或文化知覺所支配。在沒有縝密的教育經驗下，大多數的學生將停留在這個程度。然而導入階段和初階的學習經驗將提供一些背景知識給大多數的學生，這些知識能導引學生進入高階的藝術學習。有些學生將有機會達到中階和高階的學習，也同時增加他們的知識、技能和價值判斷能力，並超越大多數的其他人。許多達到專家程度或成熟階段的人將在完成他們的教育之後選擇藝術為終生事業。其中少數具有高階能力的藝術資優學生將達到具有個人特質的程度；這些人之中，只有少數人會繼續往獨特領域發展，並且可能產生與那些活躍於視覺藝術世界的成年人一樣的、具有創意的貢獻。

擴充型架構的應用

　　我們已經運用這個整合性的架構，擴充「視覺藝術學習經驗的架構」來幫助美術資優學生計畫主題導向的教學單元以及完整的藝術計畫。我們將討論其中兩個單元的細節如下。這兩單元敏銳地反映於當地社區導向的議題和考量，那是他們獲致成功的原因之一。

Benton 的壁畫單元（印第安那）　這個單元，其議題圍繞在 Thomas Hart Benton 的印第安那壁畫上，是為四年級美術課而設計的，包括所有不同能力程度的學生（Sandberg, 2003）。這個單元使用擴充型架構並遵照國家藝術標準。Benton 壁畫位於印第安那州的 Bloomington，是當地用來發展擴充型架構初階和中階藝術經驗和觀念的資源，它包含許多教師介入教學策略和區別化課程。實施此一單元教學的班級學生是具有中階程度的美術資優生以及經過導入和初階程度的學生。

　　這個單元提供有關藝術家 Thomas Hart Benton 的全面性調查、壁畫的創作與改換所在地的歷史、Benton 的繪畫方法與技巧、壁畫內容和公共

藝術價值的爭議。學生也被提供機會去研究印第安那歷史，然後創作新的壁畫以供公開展示，其內容為 1933 年至今的印第安那歷史。此一單元包含八堂一小時的藝術課，開頭以錄影帶介紹有關壁畫的藝術家和創作品，隨後依不同學習階段的學生測驗錄影帶內容。接著是近觀由二十二塊壁板組成的壁畫，內容是 Benton 為 1933 年芝加哥世界博覽會所畫的印第安那社會發展史。學生實地觀賞壁畫並撰寫文章回應壁畫內容相關的問題。其少數問題的範例如下：

1. 畫裡的人物描繪逼真嗎？請解釋你的答案。
2. 解釋這幅畫的哪些景物像印第安那州的田園和地理環境。
3. 在這幅畫裡能看到什麼象徵符號？這些符號代表的是什麼？

這個單元的教學是讓學生接著製作蛋彩畫顏料（egg tempera paints），並實驗此類媒材。在同一時間，學生在他們的歷史課研究從 1933 年到現在的印第安那歷史。隨後，這個研究將歷史故事轉變為學校壁畫所要的速寫稿。學生所畫的圖像採用當年 Benton 製作壁畫時的「畫格子法」加以放大。在這個計畫中展現他們美術能力和興趣的學生成為領導者，以幫其他學生做他們最後準備繪畫的事。在同一時間，學生研究一些不同時期和不同地點製作的壁畫時所發現的啟示。

Benton 壁畫中有一塊壁板是描繪三 K 黨（Ku Klux Klan），它被安置於印第安那大學校園的一間教室裡，這幅壁畫激起有關它是描繪仇恨或是歷史的辯論。許多四年級學生領導研究並訪問許多曾參與此一辯論的人。後來，這些學生都能在他們的美術課堂引領有關壁畫內容的激烈辯論。這單元的高潮點是學生研究設計的要素和原則以及藝術史、藝術批評、美學經驗的結合藝術創作經驗並完成屬於他們自己的印第安那歷史壁畫展示於校園裡。學生在這單元的每一觀點都要接受評量、引導班級批評，並填答一張用於評量這個單元教師的計畫和實際教學成效的表格。

這個單元包含有關初階和中階的藝術創作、藝術批評、藝術史、美學等序列的內容以及 Feldman 模式裡的文化領域與學科本位領域的概念。內容和概念包含探索更多藝術媒材的運用技巧、Benton 藝術創作的相關知

識、參與壁畫內容闡釋與分析經驗，以及報紙或其他傳播媒體所報導的壁畫爭議等等。學生撰寫有關 Benton 和其他壁畫的客觀評論，都是揭發和導引有關印第安那歷史、Benton 壁畫歷史、研究過去和現在有關 Benton 和其他壁畫的社會和文化論述的影響，以及當初參與當地公共藝術和休閒活動內容的辯論的研究。

當代藝術單元（香港） 擴充型架構的其他範例是在香港教育局要求我們協助他們為視覺藝術資優學生建立的導引課程（Clark & Zimmerman, 2003）。此一計畫的目標是發展一序列的鑑定美術資優生的參考工具，也提供獲選教師一些幫他們建構課程和評量學生的計畫。

我們建議的是，在專題研討會裡，教師了解如何透過分殊和充實的課程鼓勵美術資優學生獨立思考、自動自發、展現原創性。因此，我們建議教師們發展地方特性、主題導向的教學。我們也建議採用包括語言表達和視覺傳達的開放性作業，強調發現問題與解決問題技巧、統整藝術與其他科目、選用適切的題材和調整為具有異質性的藝術內容去建立充實的課程，以利於助長藝術才能的發展。我們也主張使用由當地的顧問與參與教學的教師共同設計的各種真實評量工具。

在香港，有兩所小學和三所中學被選來參加這個計畫。我們為美術資優學生主導有關分殊課程架構和課程評量的研討會。全體參與此一計畫的教師和顧問以及他們的一些同事都出席這個討論會。我們針對此一計畫的一所中學示範此一擴充型課程如何用來建構主題導向的課程。

此一主題式單元的焦點是透過當代藝術的研究探尋構想與自我發展。就像一位專業藝術家所扮演的角色，教師提出他自己的照片並解釋如何產生構想，然後學生用數位照相機攝錄他們所喜愛的對象，他們接著塑造這些對象的石膏模型並進行團體評論。在小團體裡，他們研究書籍與視覺藝術相關書籍以及照片。一位當地客座藝術家秀出各種藝術品和參考書供學生觀賞，然後介紹一些必要的技術和表現方法給每位學生。一位從事新聞寫作的學生分享他運用學生作品激發學生不同觀點的創造力。然後勉勵學

生藝術創作計畫與執行後所獲得的藝術品。

當學生依據自己的興趣和自我發展去完成最後的作品時,他們製作並批評自己的畫作,這些都反映於他們主導的這個計畫先於他們最後的藝術創作。學生創作的一些主題包括堆積成層的空間想像容納一個盒子放著一封未曾寄出的信;有三個格子畫的是女人議題,最後一格所畫的是綁著繩索的女人;以及當地有個關於怪獸的傳說,這個怪獸一手殺魚而另一隻手卻拯救魚。

在這個單元裡,學生處於學科本位的學習階段,學習的內容包含藝術創作、藝術批評、藝術史、美學等序列的內容。當他們創作時,運用中階技巧、一些高階技巧、媒材的使用與藝術創作概念的發展,以及自我評論。他們使用中階和一些高階的詞彙術語和概念去描述與批評其他學生和藝術家的作品,並研究當前的評論和課堂上展示的藝術品。他們了解文化對想像力的影響,藝術家過去的創作提供他們計畫的基礎。學生也學習今日藝術世界能涵蓋的廣泛定義。

鄉村美術資優學生的藝術課程

ARTS 計畫是一個為期三年的研究計畫和課程規劃,主要是配合那些熱愛藝術而又具有視覺和表演能力學生的需要。這些學生是三個州的鄉村小學學生。設計和執行分殊課程的過程時考量藝術資優生在文化差異上的需要(Clark & Zimmerman, 2001b; Marché, 1997)。我們受到 Sleeter 和 Grant(1987)與 Banks(1993)的多元文化教育研究的影響,強調文化多元論、文化多樣性和全體學生的公平待遇。各種不同文化價值族群的貢獻被整合為多元文化教育的重要部分。此一方法的目標包含慶典的差異、重視尊重各種生活型態和人權,以及賦予參與團體所有會員的權利。我們使用多元文化課程的這些說明來幫助來自不同種族背景學生維護他們的文化遺產,同時採行符合整體社會功能的措施。

課程之編寫與執行

我們建立：所有的 ARTS 計畫的開創應始於地方並且避免直接干預或制定影響任一合作學校和場所的風氣和組織。教師、職員和諮詢委員會的委員都被鼓勵去針對學校和社區提供課程編製與執行的建議。每一學校由職員建立他們較了解的當地社區的藝術課程，重點放在每一社區的獨特委員和他們的歷史、當地節慶假日活動和藝術傳統。研究藝術和工藝、音樂和口述傳統，以及藝術家和工匠的技巧是深入探究地方社區藝術的一種重要工具。

來自不同文化的鄉村藝術學生常擁有他們自己的特色、社會習俗、學習風格。這些都不同於那些占優勢的文化。重要節日的慶祝活動和地方習俗透過許多鄉村文化的共通特徵展現藝術。ARTS 計畫的工作同仁重視多種民族手法去教藝術學生，以利幫助他們了解和欣賞不同種類的對象（例如手工藝、民俗藝術、大眾化藝術、女性藝術、本土藝術）因為這些能使他們欣賞他們自己的文化傳統、他們的家族和其他文化。結果，我們鼓勵每一參與此計畫的學校的教師組成家長與社區本位的諮詢團來鑑定和帶領當地文化資源進入他們的藝術課程。

當創立鄉村美術資優學生所需要的課程時，用 ARTS 計畫課程配合 Maker（1982）的建議去建立有品質、符合不同需求又經證明有效的課程，並考慮其獨特性。我們在實施這個計畫的每個地區開始實施教師增能發展研討會，其結合當地文化資源的內含物、其他區域的考量──包含提供美術資優學生和非工作室手法的藝術教育。

課程區別研討會可供教師加強調整藝術課程之需要，凸顯資源、材料和機會的藝術課程，而不是一般學校所提供的課程。構想包括安排內容、過程、結果和學習環境，因此他們比較高階而且比大多數的藝術課程更精錬純熟（Gross, MacLeod, Dummond, & Merrick, 2001; Gross, Sleap, & Pretorius, 1999; Tomlinson et al., 2002; VanTassel-Baska, 1998）。內容的調整方面在於探索其抽象（難懂）、複雜、變化、組織，以及不同資源材料

運用的差異程度。過程調整強調培養較高程度的思考潛力、提供較大的推理證據，以及允許比典型藝術課程較大的選擇空間。這些過程增加了群體互動和透過快速而又有變化的途徑去學習。焦點是放在以真實問題和真實聽眾為本位的藝術產品，這些產品在公共場合展示並接受評價。物質上和心理上的學習環境都論及學生中心和讓學生參與複雜構思和資源的獨立性。

　　附加的研討會所提到的非工作室的藝術教育方法也都有必要，因為參與本計畫的教師在經驗上有所不同。儘管大多數教師都相當熟悉藝術製作，但有關執行藝術相關調查的目標、過程、資源的資訊通常都很缺乏。研討會強調藝術的看、說、寫，同時也提供運用於課堂中的實務和範例（第四章可看到有關這些過程的更多資料）。

　　在各地區教師的在職教學中顯現了背景、文化和早已存在的狀況在程度和類別上的差異。當每一區域創建 ARTS 計畫課程時，參與者有不同的起點而且帶有個別的優點、問題和解決方法，這些都持續存在於本計畫課程的三年執行期間。新墨西哥州的學校開始沒有特殊藝術教師的一般課程。南卡羅來納州已有完善的美術、音樂課程，但沒有提供資優課程。印第安那州的學校有完善的美術、音樂和資優課程。然而，在每一學區都存在忽略獨特歷史和文化背景的學生的問題；這些學生在學校裡占了大多數。

印第安那州的課程單元

　　兩所印第安那州的學校位於相距六十英里的兩個地區，他們參加 ARTS 計畫，並各自發展藝術課程。在其中一所學校，有八個單元是以地方文化為基礎，同時發展藝術媒材和過程。學生探究並使用靜態的照相和動態的錄影記錄他們的家、社區和環境。在「攝影：透過印第安那居民」（Photography: Through Hoosier Eyes），學生分析照片也學習暗房技術。在「錄影：透視印第安那文化」（Video Production: An Indiana Cultural

Perspective），包括研究、腳本撰寫、照相機操作、編輯技巧。其他單元如「印第安那風景畫：土地的故事」（Indiana Landscape Painting: Story of the Land）、「素描：印第安那農場經營與其傳統」（Drawing: Hoosier Farming and Its Traditions）、「印第安那壁畫：牆壁說故事」（Indiana Mural Painting: Walls Tell a Story）等等都是以藝術媒材和過程為基礎並連結地方歷史和傳統。這些單元的研究都帶入音樂課，成為社區機構的地方博物館和集會活動公開表演的基礎。單元教學成果包括學生家庭和住家環境的照片剪貼簿；錄影帶；有插圖的烹飪書；印第安那寶物盒，包括：手

⊂א圖 5.3　參加 ARTS 計畫四年級學生所畫的素描，所畫
　　　　的是印在印第安那州 Orleans 郡學生手冊封面
　　　　上的社區露天音樂台

工藝品、工藝品、天然物、印刷資料。其他學校的四個課程單元也都發展
開來。這些包含建築藝術（建築風格的調查）、建築相關的活動（以創意
活動描述建築形式）、Stinesville 的歷史（社區的歷史），以及民歌和土風
舞（類似建築要素的前衛歌曲和舞蹈）。全程均以學生研究扮演中心角色
並廣泛動用地方上的史學家、藝術家和社區委員。

新墨西哥的課程單元

在新墨西哥州有兩個學校參與此一計畫，這兩個學校位於同一學區。
一個是 pueblo 印第安人村莊的學校，由部落的委員會提供監督管理。兩
所學校的課程均由特殊教育和藝術才能教師來推展與執行，這些教師均具
有些微或適度的藝術教育常識。有個明顯的例外是一位具有廣泛美術背
景的 pueblo 印第安人委員。參與此一計畫的結果，他開始以一般的基礎
教 ARTS 計畫的學生以及全校學生的藝術課。這是一件很不尋常的事，因
為那時期在新墨西哥州的小學幾乎沒有專家級的美術教師。ARTS 計畫實
施期間，新墨西哥州的藝術教師定期參加基礎藝術教育和課程編寫的研討
會，有興趣的家長和地方藝術家常參加此一會議。

在其他學校裡，以地方歷史為本位的三個主題課程單元都已規劃而且
已實施教學。每一個單元都凸顯語文、數學、科學和社會研究等特定領域
統整的特色。這一年課程定名為「我們社區的歷史文化之旅：到大街散
步」。次單元包括地圖製作（素描、閱讀、城市計畫及地形測量）及壁畫
（描繪史前到現代的社區歷史）。教師依據當地社區的歷史、社會、文化
史發展課程指導方針。他們的目標是透過研究建築、當地商業和教堂的成
長，發展一套與西班牙文化密切結合的社區文化。居住並工作於當地社區
內的許多藝術家和工匠與學生分享他們的藝術成就，連結學校與社區的關
係，使其更趨強壯。

建立藝術課程的一個起點是在社區內最重要的集會地點──天主教教
堂。舊教堂的整修包括外觀的重建和一件新墨西哥州 Santa Fe 市壁畫家所

☞圖 5.4　參加 ARTS 計畫三年級學生所畫的宗教人
　　　　物，此人物是在重建的地方教堂發現的

畫的溼壁畫。這幅溼壁畫提供最精彩的經驗；學生可以每天去教堂觀察、
錄影、拍攝溼壁畫的製作。他們進行歷史研究和訪談成人去了解教堂如何
建造、使用哪些工具、所使用材料的來源等等。

學生製作一個年表來說明他們當地主街建造與發展的各階段。他們訪問那些記得社區發展各階段的社區委員或參與社區建設的家庭。更進一步的研究是驗證各家庭的宗譜以及這個城市和街道如何規劃與發展。學生也參與有關當地建築與世界建築的多方面研究，注意長期的風格變化。繪畫技巧方面則培養徒手繪、儀器、電腦軟體的能力。除此之外，社區內祖父母輩和長輩的口說歷史都錄影和錄音。學生從當地新聞記者那兒學習訪談技巧以及使用錄音、錄影設備的方法，也從訪談的故事中製作令人印象深刻的插畫。這些都是結合口說歷史的轉譯和連結他們名為主街之旅的手工書展覽。

在 Pueblo 印第安人方面，傳統的藝術形式包括珠飾細工（beadwork）、珠寶和 Pueblo 印第安人著名的貝殼鑲嵌作品。經過數代傳承的傳統陶藝風格已廣為人知而且肯定其價值。學校裡的彩繪和素描以人們敬重的一些標誌為題材；由於社區委員十分尊重這些標誌，因此這些標誌並不適合在美術課堂作為素描或彩繪的題材。然而，風景、靜物、房舍、動物和人物都可被接受，而且常出現在美術作品中。針對 Pueblo 印第安人藝術的傳統，教師圍繞在四個以媒材與過程為導向的一系列單元去架構他們的課程。當地 Pueblo 印第安人的生活、歷史和藝術傳統都統整於所有的單元習題裡。大部分的習題以 Keres 語（Pueblo 印第安人的母語）教學。單元中的藝術製作稱為設計的線條、形狀和圖案以及激發創意思考，都是得自傳統的靈感。在探究建築與三度空間方面的工作上，則從泥磚造的房屋建構開始，並包含增設部分的建議和提供教師的物證。當地藝術家和工匠來到教室展示他們的藝術品，而家長團隊在課程發展過程中則扮演顧問，並提供必要的協助給 ARTS 計畫。在 Santo Domingo 學校負責協調任務的教師在她的日誌上曾寫道：「當我們發展並呈現出活動時，我們已經體驗到一種與我們有關聯的特殊樂趣。兒童使用他們的母語和英文表達他們的藝術理念和興趣同時，並已經被鼓勵去製作強調他們文化環境的藝術。」

ᘓ 圖 5.5　此一作品是參加 ARTS 計畫三年級學生所畫的，靈感
　　　　　得自美國原住民盾牌

南卡羅來納的課程單元

　　南卡羅來納參加 ARTS 計畫的三所學校的教師依據主題、Gullah（譯
註：Gullah 是居住在喬治亞州和南卡羅來納州的黑人）的生活和文化編寫
一般課程。大部分的課程是由實地採訪藝術家工作室、地方性歷史和文化
區、邀請藝術家到學校所組成。在說故事單元裡，學生研究故事裡 Gullah
文化中最受歡迎的人物，並了解其他文化故事的重要性。他們聽地方講故
事的人說故事，然後寫出、繪製和錄下自己的故事。有關家庭結構、禮
儀、工作、休閒和慶典的單元也加以推展。在家庭結構單元裡，學生研究
家庭角色、食物和餐點、教育、宗教，和信仰與其他科目統合。工作和休

◌ 圖 5.6　由一群參加 ARTS 計畫的 Beaufort 小學五年級學生製作的拼貼作品，內容是描寫 Gullah 故事的插圖，是多元想像的一部分

閒的研究包含學生製作遊戲和玩具、種植藍染植物用於製造染料，並學習製作籃子。學生實地參訪地方歷史景點、畫廊、地方表演、畫家工作室，並在 Gullah 文化遺產紀念慶典活動中展出他們的作品。

各地區的課程實施成果

在第三年裡，此一分殊課程都擴展到包含音樂和舞蹈，整套的內容還包含手工藝品和印刷資料，都依各地區的需要包裝，並分送其他州的學生和教師。此外，學生所製作的烹飪書、學生製作的錄影帶、學生之間通信連繫資料等都在所有參加 ARTS 計畫的學校之間相互交換。在此一方式下，其他文化的藝術都被包容、比較，並與地方性文化藝術傳統相對照。每一地區的課程計畫都有各種公共活動場所的學生作品展覽和表演。在新

墨西哥州，地方性藝廊、市政廳、公立圖書館都是學生作品展覽和表演的場所。在南卡羅來納州，與歷史上著名的賓州中心（Penn Center）締結合作關係，對 Gullah 文化的保存有所貢獻。在賓州中心每年舉辦的 Gullah 文化遺產紀念慶典活動中由學生展示藝術品和歌唱表演、舞蹈、鼓樂表演。同樣地，印第安那州的學校也與一家歷史博物館締結新的合作關係，決定舉辦為期三個月的學生作品展及介紹地方性歷史和風俗的音樂、戲劇和舞蹈的公演。

當所有的學校體驗到這些關係的好處，他們的社區也同蒙其利。社區委員確認他們的歷史和文化同時，也因為學生的興奮與感興趣而受到鼓舞。學生被鼓勵去評估藝術在他們文化中的價值，作為了解各種環境下藝術創作的橋樑。每個學校學生製作錄影帶的交換提供對每一社區歷史文化的了解，這些通常是吸引人的但有些時候卻會產生困擾；在南卡羅來納州有一位學生認為來自印第安那州的錄影帶是「令人驚訝的」，因為所有的兒童都是白種人。此一問題引發兩個學校學生之間類似的有意義討論。三方視訊會議幫助建立各社區之間的了解。學生很樂意去分享許多共通的樂趣，期望找到彼此間的差異。

研究的結論

教師是大型計畫能否獲得成功的關鍵。在鄉村學校已證實有關進行改造的計畫往往被視為社區價值與穩定的威脅。教書多年的教師常對於新的變革產生質疑，而且在他們的學校見證過那些建立後很快消失的計畫。在鄉村社區裡，顯然需要時間去取得教師的信任和參與計畫的意願。教師也應了解他們任教社區存在的不同族群、這些族群對藝術的價值判斷，以及他們如何表達他們的價值觀。有非西方文化學生移入美國，他們帶來應該被他們新環境所尊重的美術製作的豐富歷史。同時有美國原住民、阿帕拉契民族、非裔美國人和歐洲先民留傳數代的藝術遺產。這些族群中有些藝

術傳統是無法與西方美術的美感期望相容,更遺憾的是,他們通常排斥學校裡的藝術教育課程。這些地區接收了各種資源、研究計畫成功的結果使得在鄉村社區的藝術教師獲得充實和評估他們課程的方法,而所採用跨越研究計畫區的多元途徑幾乎都能執行於任何一個社區。

藝術才能發展課程的建議

本章已提出許多有關規劃與執行美術資優課程的觀點。尤其特別強調所需要的課程架構。基於這些理念和議題,提出下面幾個建議。

建議 1 當我們為美術資優學生建構課程時,應先建立視覺藝術學習經驗的架構,而且我們相信這個架構應明確說明充分的教育理念。這些都有助於課程和視覺藝術教育計畫,而且適用於所有階段的藝術資優學生。我們認為此一擴充的視覺藝術學習經驗架構是有價值的,因為它確定全方位的視覺藝術教育。它的內容確立獨特的貢獻,也就是說視覺藝術教育是可以施教於所有學生的教育。我們也認為一套有效的視覺藝術課程立基於此一課程模式,能引導未被開導的學生更成熟、更有見識的了解視覺藝術,進而加入視覺藝術的天地裡。

建議 2 為了創建一套超乎學校原本提供的教育課程,美術資優課程應發展更高階的活動,而且內容應該比一般課程的每一年級較深較廣。

建議 3 當建構一套藝術才能發展的課程時,所有藝術發展觀點所形成的狀況均應考慮。這些狀況應包含學生、教材、學生個體、文化層級及其他要素之間的連結。這些狀況互動的程度決定任何學校藝術課程教導藝術才能學生發揮他們潛在的能力。

建議 4　如果美術資優學生能證實獲取對視覺藝術的技巧、知識和理解，那麼周詳而謹慎地建構視覺藝術課程是必要的。沒有密集的教學和特別提供的藝術學習資源，此一成就是不可能達成的。假如美術資優學生透過各周全的視覺藝術教育而得以快速進步，教師和行政人員需要理解此一進步要靠周詳的教學。對美術資優學生來說，要取得專家程度的學習，他們必須透過連貫的教育經驗，並了解每一階段的關聯性和有助益的觀念；假如藝術只是強調天真的自我表現，那麼個人對藝術將只得到一般的或文化的（或從樸質到初階的）知識、技巧和理解。

建議 5　學校應視藝術如同一個令人期待的必要知識體和能力體，如此美術資優學生才能達到學科本位傾向的、特質傾向的，甚至具有專家水準的學習。在這裡，學習藝術被視為是極有價值的，更多的學生將會達到更高的學習階段。未來，很有可能的是這些學生將繼續在他的生活中支持藝術、欣賞藝術，並幫助發展有助於社會的藝術團體。

建議 6　教師和職員們應視同執行一套重要的社會建設任務去決定他們自己的研究計畫目標和活動。藝術教師對他們當地社區的自我認同，可以給他們朝向社區本位課程目標工作的動力。想要將自己對地方社區的理解整合進為美術資優學生設計的課程裡的藝術老師們，需要融入廣大基層社區成員裡並獲得他們的支持。

建議 7　針對地方文化，每一學校應要求社區內的家長、手工藝專家和歷史學者參與。這些團體應被鼓勵去創造有利於他們社區持續發展的前景。美術資優學生作品的公開發表應配合地方的需要，使學生的學習得以強化。透過參與此類展示，美術資優學生和教師得以分享他們研究計畫所得到的好處。當學生自己和他們社區的藝術遺產受到讚賞並融入藝術課程裡，學生、家長、教師和社區成員能了解與判斷他們自己與他人遺產的價值。他們可以開始採取行動去確認學校區域性課程是反應他們文化所表達

的概念，並了解藝術的真諦、藝術如何產生、人類經驗之間的差異，以及
藝術被製作和持續被創造的各種背景因素。

6

教學計畫之執行與評量

cs 圖 6.1　這是一張由印第安那大學夏令藝術學院七年級學生所
作的圖文敘事繪畫作品

種教學規劃方式和真實評量（authentic assessments）在美術資優教育的應用上都能發揮其功能。雖然真實評量增加教師、學生和教學資源等方面的額外要求，但是所獲得的最後成果卻很有價值。本章內容裡，我們描述一些業經證實可適用於美術資優教育的變通性教學計畫。其次，許多有關地區發展出來的真實評量包含適用於強調社區本位藝術教育的其他美術資優課程評量。然後，各種不同的課程計畫評量都提供決定學生與教師是否有進步和成效是否有提升。最後提供執行真實評量的建議。

美術資優教育的課程規劃方式

很少研究案例也沒有大規模或長期的研究直接針對美術資優課程發展成效去評鑑。因此，很少有研究案例能導引我們去決定這類學生所需要的課程設計。雖然當前有些智能和學科資優學生方面的最佳資訊和資源，然而，有些藝術教育學者質疑那些資訊和資源所設想的對象都是學科資優學生而不是美術資優學生。許多撰文者已經質疑單一焦點的資優教育專家只顧及傳統學科和智能或學科的資優層面。例如，Gardner 曾說：「我感到訝異的是當我深入了解學術心理學之後，發現藝術幾乎完全被排除在外，它就好像只圍繞於認知層面的圈子裡。」（引自 Buescher, 1985, p. 182）Wenner 曾說：「行政人員、教師和家長常發現藝術才能很難像學術領域的才能那樣受到重視。」（1985, p. 221）美術資優學生需要符合他們的特質和能力的分殊課程（differentiated curricula）和課程設計方式（programming opportunities）。然而，許多學科資優學生課程設計觀點也應用於美術資優者；事實上，這兩群學生在他們的技術和能力上常重疊。

關於美術資優課程設計方式尚有許多定義和語義上的問題需要加以澄清，不同類別與定義已經提供一般資優教育課程設計方式給美國全國各地。依據一般資優教育和美術教育文獻資料的探討，列出下列最常採用的

資優教育和視覺藝術教育課程設計方式和選課方式（Clark & Zimmerman, 1994）。

　I. 混合能力分組（Mixed-ability Grouping）

　　A. 在班充實（例如橫向和縱向充實、合作學習）

　　B. 個別化教學（例如自我學習單元和教師個別指導）

　II. 能力分組（Ability Grouping）

　　A. 特別班（例如設置班級於重點學校）

　　B. 一般學校上課日的特別班（例如從一所學校或多所學校招收學生設置班級）

　　C. 部分學校上課日的特別分組（例如提升課程、特別講座、開放時段、社團、駐校藝術家）

　　D. 學校相關活動編組（例如實地旅行、訪問學校／博物館）

　III. 速進制（Acceleration）

　　A. 跳級

　　B. 提早入學

　　C. 加速進度（例如加快進度、進階安置、透過考試授予學分）

　　在下列的討論裡，課程設計方式和選課方式將依據最常被採用的措施加以討論和界定。當他們介紹學術科目和藝術科目時，這些可供靈活運用的觀點就可派上用場。

混合能力分組

　　這種適應學生能力最常用的編組方式已經讓教師們在閱讀、語言藝術、科學或其他科目做出二至三種不同的編組方式。然而，全部學生很快就會知道哪一組是低能力、符合年級程度或高能力的學生。

　　在班充實（in-class enrichment）已被用來提供各種學習情境、材料和活動給高能力的學生，而且所提供的都是比一般學校課程深廣的經驗。橫向的充實包括維持以年紀和年級分組的「非速進制」學習活動，但是加寬

他們的興趣，並介紹新的題材給他們。在縱向充實方面，我們依序以符合他們能力或程度的活動和教材教導他們，但不拘於年齡或年級。

Rogers（1991）曾聲稱：全時程的充實制課程促成豐碩的整體成就、批判性思考及資優學生最需要的創造力，若能提供分殊課程，並發現在班能力分組時，可使學生獲取學科方面的紮實知識。充實制課程的優點是它提供班級數較少或學生數不足的學校或學區的高能力學生分殊教育工具；它既經濟又不會造成班級內或一般學校教學環境的變動。在藝術教育裡，充實制課程意謂提供小班制或個別化教學給高能力學生，而這些學生與同年齡的同學維持混合能力或由不同成分的學生組成。一般美術課的特色是提供充實制課程給全部的學生，但是這種主張否定提供適當學習活動給不同能力學生的價值，也不關心美術資優學生的能力和需要。

在資優教育領域裡，有關混合能力編班或合作學習對於高能力學生的影響仍是爭論中教育問題。Slavin（1980）界定「合作學習」（cooperative learning）為「學生在小群體的學習活動以他們那群學生的表現為依據的班級技術」（p. 315）。儘管合作學習的課程很普及，但有些教育學者已經質疑其有助於高能力學生的主張。依據她對於合作學習的研究分析，Robinson（1991）建議：合作學習不應替代資優學生的特殊化服務。當前合作學習在視覺藝術教育的適用性仍需要進一步探究才能判定它對藝術才能發展的價值。

在印第安那州第二大城 Fort Wayne，有一位美術教師教導四年級學生學習有關日本藝術的單元（Kruse, 1991）。這個學校曾整整一年時間將多元文化教育整合於一般學校課程。為了凸顯每一文化的優點，學生為全校師生創作一齣戲或其他表演。四年級則教日本藝術與文化，而學生則被鼓勵一齊工作共同分享構思、計畫和材料。三位美術資優學生擔任領導者幫助其他學生構思與建構問題。有一位美術資優男學生對摺紙（origami）特別感興趣而且很熟練，他開始發明他自己的摺紙模式。

Khatena（1992）描述兩種個別化模式作為調適美術資優學生所需要的方法。其中一種是「教育學者控制學習」（educator-controlled learning），此一個別化教育課程由教師主導。另一種是「自導學習」（self-directed learning），此一方法是由學生主導自己的學習計畫。許多中學美術教師將他們的課程個別化；他們在沒有特定的工作過程或計畫的特徵下指定計畫標準和期望。具有高度發展的藝術技巧和知識的學生能順暢而又優雅地以開放而又多元化的學習方式表現自己的才能，而且當他們面對問題時，更能順勢活用他們的知識、技能和能力。

有許多商業性的教學資源有助於支持藝術教育的個別化教學或自學單元，這些學習資源往往是昂貴而又不做藝術教育或一般教育出版品廣告。教師可以要求高能力的學生運用學習單元去執行工作，但是往往沒時間承擔設計這些單元的責任，雖然他們能有效地從美術館、網路資源，以及其他教材改編許多幻燈片以達到此一目的。促進獨立研究的學習中心也能用來引導美術資優學生，讓他們在一般教室裡選擇他們自己的研究內容，或設計他們自己的研究計畫去處理他們個人的需要。

自學單元係由麻薩諸塞州 Worcester（Hurwitz, 1983）較高層級的小學教師發展的。四十五所學校和三百五十位學生參加這個自學計畫，其目標是提供一個不要求他們離開班級的藝術課程。學生在完成他們正規的工作後開始進行自學單元。五個主題單元的教學都是結合一系列已經寫好的教材、藝術資源、工具和媒材。

Khatena（1992）視每位「良師」（mentor）都是在特殊領域獲致成功的人，他們也引導對此一專業領域感興趣的學生一起工作。良師制課程提供可行的選擇給美術資優學生去考量職業上的選擇，例如商業設計、造景建築、電腦繪圖和招牌畫。有志於研究繪畫、版畫、地方手工藝、藝術史或藝術批評的學生也可以和這些專業的良師一起研究。

能力分組

Kulik（1992）界定「能力分組」（ability grouping）係依學校態度的差異為同年級學童編組或編班（p. ix）。能力分組可以採用很多方式，

包括為資優學生設特別班；當他們離開他們的常規班級去參與學習活動時，為他們規劃特別的班級群；或在常規班級裡依據能力分組。更多的現有資源包含跨級分組、在班級內分組、速進班，以及特別充實班。能力分組常有不同名稱，例如多重程度分組（multilevel grouping）、多軌課程（multitrack programs）、拉拔課程（pull-out programs）、榮譽課程（honors programs）、同質分組（homogeneous grouping）或叢集分組（cluster classes）。

　　能力分組的優點包括減少個別差異範圍，對教師和學生都有好處。能力分組的學生比其他組的學生更能探究和交換較多數能接受的構思，並能在已經選好的範圍內從事更高層次的學習。他們在成就評量上也更可能表現顯著的得分（Kulik, 1992）。能力分組的缺點是成本高，因為可能需要特殊化教師、教材和額外增加的教室。能力分組需要充足的同等能力的學生數來證明足以組成恰當的班級，一個常被提到的意見是能力分組會將那些在混合能力分組中的重要學生分離出去。

　　在藝術資優教育裡，能力分組已經採用許多方式，從特殊化學校（藝術磁石學校）到部分時間的拉拔課程作為學校資優教育的一部分。在一些小學和中學裡，學校提供給美術資優學生一些藝術社團作為學校日常運作的一部分。更常見的是透過參觀美術館、訪問藝術家工作室或參加畫展等特殊的藝術活動讓學生群聚學習。

　　沒有提供住宿的藝術學校如磁石學校（magnet schools）在學生所居住的學區內提供特別為美術資優學生安排的課程。這些學校在國中和高中階段加強學科課程以及密集而又專業的藝術教學。

　　提供住宿的藝術學校如私人提供食宿的學校和一些州政府提供經費的學校，入學資格是選擇性的但不限制學區。嚴格的學科和藝術課程是這類學校辦學的特色。建校七十年以上的 Interlochen 藝術學院是一所私人的、整年度的、中學的、大學先修學校，提供創意寫作、舞蹈、音樂、戲劇、戲劇設計和製作，以及視覺藝術等課程。

　　最普遍的美術資優學生的能力編班方式是暑假期間大學院校所舉辦的提供住宿的藝術課程。這類課程通常是全天密集訓練，而且學生必須全心投入學習的課程。他們是來自學區、州、全國或國際的學生。例如Interlochen 藝術學院也提供夏季住校的音樂與視覺藝術課程，收受的學生為小學到高中學生。

　　許多社區提供課外活動、全學年或學年中的短期不供住宿的藝術中心和藝術課程給美術資優學生，這些課程可由學校、美術館、社區中心或其他備有特殊工作人員的場所提供。學生常在他們原就學的學校選修學科課程，也在課外活動中心選修特殊藝術課程。

　　在印第安那州的鄉村 Modoc 有一個為十五位美術資優學生設置的特殊在校課程（in-school program），學生研究俄亥俄州西南方的魔鬼墳塚（the Serpent Mound）（Mullins, 1993）。學生學習有關魔鬼墳塚的特徵、被設定墳塚符號的意義，以及與周圍環境地理特性的相關性。他們到魔鬼墳塚實地考查，畫魔鬼墳塚的地圖，也參觀另一個由當地的地質學家所挖掘的魔鬼墳塚。他們討論魔鬼墳塚建造者在時間和方向相關的動機與內涵。接著分析當代地景藝術，比較研究其結構以協助過去與當代文化的連結。

　　許多藝術課程也透過社區機構提供特定的時間表給美術資優學生。德州 Austin 的漢亭頓藝廊教育推廣部門的員工提供一系列的每月博物館訪問活動，並細心地為學生安排準備工作和後續的經驗。教材的準備和預先理解作業讓教師可以激發學生對於此一特別安排的訪問感興趣。此一充實制課程的目的是了解藝術世界的主要觀念和技術。

速進制

　　一個經常被引用的「速進制」（acceleration）定義是在比平常速度快、比一般年紀還輕的情況下，透過一種教育計畫取得進步。Slavin（1990）曾描述三種「速進制」：中學進階安置課程、中學和高中進階的

分殊課程，以及學生留在一個年級但到其他年級修進階教育的小學課程。Khatena（1992）曾表列速進制的許多行政安排方式：提早入學、提早畢業、跳級、提早修高年級課程、一年內修完兩年或多於兩年的課、運用師徒制、透過考試取得學分、修與大學程度相當的課程、就讀私立學校。

數十年來，撰述有關資優學生的速進制課程的專家學者已經警告社會的、感情的及其他調節問題，然而，許多教育學者已經作出結論，表明這些預料的社會和情感問題是缺乏事實根據。有關速進課程與課程核心領域產生技術縫隙的爭議尚無相關研究提出證明。VanTassel-Baska（1986, 1992）堅決主張速進制課程是增進學習動機、信心及獎學金的一種高效率技術；預防懶散的習慣；促成專門教育的提早完成；以及降低學生教育經費的開銷。Stanley（1977）進一步強調速進制課程減低自我中心和自負，提供更多時間去探究未來的發展及大學進階研究的較佳準備，並且透過更多年的職業選擇造福社會，進而以教好的教育造就更好的公民。

速進制課程的好處是它需要的消費最低，卻能適應大多數的學校環境。多數接受速進制課程的藝術學生出現於不分年級的班級裡或課外的課程裡。學校裡的這類課程並非一般課程，因為他們依據學生成績、連續而又明確的課程計畫施教。其特殊之處在於這種課程是提供給高能力學生的進階安置（Advanced Placement, AP）藝術課程。美國的任何一所學校都能參加藝術史、一般藝術工作坊，以及素描課程的進階安置計畫（Advanced Placement Program, 1993）。這些課程提供專科和專業藝術學校程度的經驗給高能力的在校學生。公立和私立高級中學所建構的進階安置課程反映一些行政安排的問題：一或二位學生與教師之間的非正式輔導問題，提供不同群體的一般藝術課、特別班課程，以及與博物館結合而建構的課程等等。

伊利諾州 Winnetka 有一所中學提供以進階安置課程為基礎的資優學生特別班。這個計畫讓學生選取一種為期三年的學科，並參加 AP 藝術創作課程。學生實地參觀訪問藝廊和當地其他藝術事務，並擁有包含展覽的評論、攝影、筆記和繪畫的素描簿和日記。

另一種速進制課程是國際學士學位（International Baccalaureate, IB）課程。在這個課程裡，學生在包含藝術在內的六個科目領域選課和考試。應試者修一門知識理論課，並依據研究計畫完成一篇延伸性的論文；他們也參加一些創意或社會服務的計畫。在美國，IB 是一種榮譽課程，而學生可以從中取得他們課程的大學學分。藝術資優學生可以修速進的 IB 的藝術課程，並進而要求需要體驗解決問題和複雜的及抽象的思考學習。

有關課程編製方式的結論

有許多教育計畫的變通措施已經證實適合於美術資優學生。我們鼓勵美術資優學生校本課程（school-based programs）的行政人員應營造一個富於彈性而又可供選擇的課程計畫。當學生在視覺藝術領域達到較高程度時，在可能的範圍內，應鼓勵他們升級或隨藝術家導師學習。可以提供他們下列的選擇：

1. 修習學院或大學的進階藝術課程。
2. 參與藝術課程的進階安置。
3. 修習類似高階藝術內容的課程。
4. 把握機會跨越必修課程。
5. 運用上學的部分時間隨名師學習。
6. 透過考試取得全部的學分。

除此之外，他們需要恰當的工作空間來發展他們的知識、技能和能力，而這些都可能超越一般中小學平常美術課的教學課。一旦創制建立並執行利於發展藝術才能的編製課程後，這些課程應被評量，如此學生的進步和成就才能被妥善而又公正地加以評鑑。

真實評量與藝術資優才能的發展

教育學者運用真實評量方法取得正面的意義，因為它較能適當的跨科評量學生的學習進步與成就（Zimmerman, 1997c）。這類評量包含將學習的成品視為測驗的過程。學生獲得機會參與這些整合的、複合的而又具有挑戰性的學習活動。大部分的標準化測驗包含了選擇題，且以回憶真實知識、獨立技巧、程序記憶等為基礎，而不需要分析、判斷、反映，或其他高層次技巧以用來提出論點或解決問題。然而，標準化測驗易於施測和記分、花費少量時間即可完成、擁有信度，因而被長久而廣泛的使用。

標準化測驗被一些教學者視為行政運作上的必需品，因為它容易用來報告一般教育層面上學生所達到的成績。近似真實生活景況而又是整合、複合與具挑戰性任務的評量工具，也可用來評量個人成就和較高層次的思考技巧（Zimmerman, 1997a, 1997b）。根據 Worthen 和 Spandel（1991）的觀點，標準化測驗應該只扮演學習評量的一小部分，而教師中心的評量應該扮演最大的角色。

真實評量可被視為學生積極參與學習的一個過程，而教學是決定他們成就不可或缺的部分。大多數成功的真實評量需要教師和學生的密切合作，而這個合作的發展情形則需要學校環境、學生本質與多樣性、教師的哲學觀與教學策略，以及當地主管單位的配合。教室中的真實評量應該設計來支持教學活動、符合教學價值，且是非正式的、教師自創的、適合地方發展環境、隨時可依情況調整、對學生有意義、可隨時快速補充詳細回饋、關注學生背景差異（如文化背景、興趣、認知模式、學習速度、發展典型、能力、工作習慣、過去經驗、性格）等等（Zimmerman, 1992d）。

ARTS 計畫中的真實評量

在 ARTS 計畫中，藝術才能資優的學生積極參加創作與建構他們自

己對工作的回應，並證實公開競技的過程中解決問題的能力。當發展評鑑測量方式時，應考慮到來自多樣性背景的鄉下藝術才能資優學生們與其獨特的特徵。若在標準化測驗中選擇彈性與個別化的建構標準來評量學生的學習進步與成就，則可更公平的評鑑這些學生。在 ARTS 計畫中的評鑑程序擁有改善教學的潛力，教師被教導要使用真實與合宜的評鑑程序，用以符合這些鄉下藝術才能學生的需求（Marché & Zimmerman, 2000; Zimmerman, 1997a）。

許多研究人員建議：真實評量應採用各種不同評量方式去評估學生，才能真實評量出學生在大規模的教育任務中所使用的多重策略（Herman, Aschbacher, & Winters, 1992; Zimmerman, 1992a）。事實上，Schavelson、Baxter 及 Pine（1992）曾建議：要評量學生對特定科目的了解大約需要十項任務作業，而且要注意學生在藝術成就上的進步情形。在評量 ARTS 計畫中，使用許多不同的測量法來判定教師和學生的發展與成就。評估學生在視覺藝術的理解、技巧和技術相關的評量內容包含：

1. 半成品的學習檔案。
2. 同儕互評、自我評鑑、契約、每日札記，以及學生日誌。
3. 教師所做的日誌。
4. 錄影訪談。
5. 學生的創作品。
6. 教師、學生和家長的評量。
7. 小組報告和公開藝術展覽。

（見圖表 6.1 州裡已中止使用的評量程序）

除之此外，在藝術計畫的創作學習也視為真實評量的證明，此一計畫強調其他藝術層面也可以運用真實評量執行評量工作。讓學生公開地向社區民眾與其他感興趣的觀眾們展示其藝術成果計畫是 ARTS 計畫的目標之一。在 ARTS 計畫中很重要的一個項目是讓家長與社區民眾在當地學校與社區中參與評量計畫。

⊙ 圖表 6.1　印第安那州（IN）、新墨西哥州（NM）和南卡羅來納州（SC）ARTS 計畫所採用的評量程序

	IN	NM	SC
學生計畫的評量	✓	✓	✓
教師計畫的評量	✓	✓	✓
一般教師計畫的評量		✓	
過程檔案		✓	
錄影檔案	✓	✓	✓
團體評論	✓	✓	✓
教師日誌	✓	✓	✓
教師面談	✓	✓	✓
與學生透過錄影帶面談	✓	✓	✓
與教師和行政人員的錄影帶面談		✓	
學生日誌	✓		✓
課堂活動的錄影		✓	✓
視訊會議	✓	✓	✓
藝術展覽	✓	✓	✓
音樂表演			
新聞報導	✓	✓	✓
學生研究報告	✓		✓
期末教師評量	✓	✓	✓
期末學生評量	✓	✓	✓

　　真實評價所使用的測量方式應對多元議題、強化學科成就、學生自尊（無法反映出優勢文化的背景）具有敏感性。大家都了解：假如能通過各種評量作業程序，那麼絕大多數的學生都可以被認為具有藝術潛能。近期，開始強調建立藝術課程與評量的發展應與當地學生、家庭、社區的需求呼應，由此連結到社區本位導向的藝術教育（Blandy & Hoffman, 1993）。與學生生活相關的歷史、社會、宗教、精神等脈絡也會被納入 ARTS 評量計畫擬定的考量當中（Sullivan, 1993）。

地方性的評量方法

在參與 ARTS 計畫的每一個區域都發展出他們獨特的評量工具和活動。雖然所有參與 ARTS 計畫的學生們在錄影帶中呈現在校時所創作的作品,但各地發展出的評量測驗與活動仍各有其獨特性。這種常見的測量方式(錄影記錄)用來記錄學生參與過程的成長。ARTS 計畫的老師持續撰寫日誌,記載他們與計畫相關的經驗:所有學校舉行公開展覽、展示進行中的半成品與已完成的作品。在此計畫的第一、第二、第三年,地方的評鑑者透過對教師及學生的訪談與觀察,來評量計畫目標的發展與成就。外地的評鑑者對學生、教師、行政人員、家長、社區成員、計畫的工作者等採取調查、訪談的方法,並使用各地區的多種文字資料與藝術作品作為整體評量的規劃。在這三個州的學生持續撰寫日誌,而教師也持續對學生提供建設性的評論。他們發展出學習檔案,其中包含進行中的創作、自我評鑑表格與檢核表、撰寫或發行相關活動的文章、公開展示他們創作的繪畫、影片和其他作品。

以下是多種真實評量程序,呈現出依據 ARTS 計畫的目標,成功集結有關學生學習進展與成就的資訊。

印第安那州評量方法 學生藝術作品的評量內容係依據委託的任務、批判性思考和有創意的思考、社會發展、研究技巧等四項(見圖表 6.2 印第安那州教師評鑑表)。學生的成績依據三項評分標準:展現的優點、表現符合要求,或課程的不同領域中尚須改進的。學生也填寫評鑑表格,對其最喜愛與最不喜愛的活動進行評分與描述(見圖表 6.3 印第安那州學生評鑑表)。

計畫完成後的自我評鑑表格中,要求學生從各種面向來評論其所參與的課程(見圖表 6.4 印第安那州學生最終評鑑表)。學生提出許多建議,例如:透過各種圖像和新技術來教導「如何在好萊塢拍攝電影」。學生也被問及客座演講者與戶外參觀教學所獲得的經驗,以了解他們對哪個計畫

⊙ 圖表 6.2　ARTS 計畫（印第安那州）：教師評鑑表

姓名：＿＿＿＿＿＿＿＿＿＿＿＿　　年級：＿＿＿＿＿＿　　日期：＿＿＿＿＿＿

> S = 能展現在此一領域的優點
> ✓ = 工作表現符合要求
> N = 此一領域的表現尚須改進

此一評量以學生在才能方面的表現為依據。

＊ 假如空白，表示在這個評分期間學生未被評量。

委託的任務	批判性的／有創意的思考
＿＿＿ 建立自己的目標	＿＿＿ 了解基本概念
＿＿＿ 能獨立地工作	＿＿＿ 運用概念於新情境中
＿＿＿ 及時完成工作	＿＿＿ 創立與分享新概念
＿＿＿ 有效地運用時間	＿＿＿ 樂於挑戰、嘗試新事物
＿＿＿ 精確完成作品	＿＿＿ 填加細節或結合多項概念
＿＿＿ 認真負責、適時提供活動所需材料	

社會發展	研究技巧
＿＿＿ 體諒他人	＿＿＿ 擬訂計畫和準備材料的效率高
＿＿＿ 樂於參與 ARTS 計畫	＿＿＿ 整理資訊的技巧純熟
＿＿＿ 參與討論	＿＿＿ 完成必要的作業
＿＿＿ 接受他人觀點	＿＿＿ 分享完美的產品
＿＿＿ 決定策略時能展現領導能力	

九週內缺交作業的次數：＿＿＿＿＿＿

意見：＿＿＿＿＿＿＿＿＿＿＿＿＿＿＿＿＿＿＿＿＿＿＿＿＿＿＿＿＿

＿＿＿＿＿＿＿＿＿＿＿＿＿＿＿＿＿＿＿＿＿＿＿＿＿＿＿＿＿＿＿＿＿

＿＿＿＿＿＿＿＿＿＿＿＿＿＿＿＿＿＿＿＿＿＿＿＿＿＿＿＿＿＿＿＿＿

＿＿＿＿＿＿＿＿＿＿＿＿＿＿＿＿＿＿＿＿＿＿＿＿＿＿＿＿＿＿＿＿＿

⊙ 圖表 6.3　ARTS 計畫（印第安那州）：學生評鑑表

姓名：＿＿＿＿＿＿＿＿＿＿＿＿＿＿＿＿　日期：＿＿＿＿＿＿＿＿

請仔細想想下列的每一細項。運用下列量表，以適當的數字評定等級：

1 ＝很喜愛	2 ＝喜愛	3 ＝尚可	4 ＝不喜愛	5 ＝很不喜愛

1. 實際參與計畫　　　　　　　　　　　　　　　　＿＿＿＿
2. 為不同計畫製作藝術品　　　　　　　　　　　　＿＿＿＿
3. 學習揚琴（dulcimer）　　　　　　　　　　　　＿＿＿＿
4. 表演節目　　　　　　　　　　　　　　　　　　＿＿＿＿
5. 為完成我在計畫中所負責的任務而做研究　　　　＿＿＿＿
6. 為完成我在計畫中所負責的任務而去實地考察　　＿＿＿＿
7. 聽 ARTS 計畫的來賓演講　　　　　　　　　　　＿＿＿＿
8. 寫信給筆友　　　　　　　　　　　　　　　　　＿＿＿＿
9. 為了此一計畫而學唱歌和音樂　　　　　　　　　＿＿＿＿
10. 為多樣化研究而閱讀相關文獻　　　　　　　　　＿＿＿＿
11. 在美術教室使用電腦　　　　　　　　　　　　　＿＿＿＿
12. 與參與 ARTS 計畫的學生一起工作　　　　　　　＿＿＿＿
13. 與教師工作　　　　　　　　　　　　　　　　　＿＿＿＿

現在，請使用上列同樣的量表，但取而代之的是你分享對下列各不同項目的感覺，請用數字表示你從每一項目所學得的程度。

1 ＝很喜愛	2 ＝喜愛	3 ＝尚可	4 ＝不喜愛	5 ＝很不喜愛

1. 實際參與計畫　　　　　　　　　　　　　　　　＿＿＿＿
2. 為不同計畫製作藝術品　　　　　　　　　　　　＿＿＿＿
3. 學習揚琴（dulcimer）　　　　　　　　　　　　＿＿＿＿
4. 表演節目　　　　　　　　　　　　　　　　　　＿＿＿＿
5. 為完成我在計畫中所負責的任務而做研究　　　　＿＿＿＿
6. 為完成我在計畫中所負責的任務而去實地考察　　＿＿＿＿
7. 聽 ARTS 計畫的來賓演講　　　　　　　　　　　＿＿＿＿
8. 寫信給筆友　　　　　　　　　　　　　　　　　＿＿＿＿
9. 為了此一計畫而學唱歌和音樂　　　　　　　　　＿＿＿＿
10. 為多樣化研究而閱讀相關文獻　　　　　　　　　＿＿＿＿
11. 在美術教室使用電腦　　　　　　　　　　　　　＿＿＿＿
12. 與參與 ARTS 計畫的學生一起工作　　　　　　　＿＿＿＿
13. 與教師工作　　　　　　　　　　　　　　　　　＿＿＿＿

⊙ 圖表 6.3　ARTS 計畫（印第安那州）：學生評鑑表（續）

請寫出下列問題的答案：

1. 參加 ARTS 計畫的這一年來，你最喜愛的活動是什麼？為什麼？

2. 參加 ARTS 計畫的這一年來，你最不喜愛的活動是什麼？為什麼？

3. 你覺得你從哪一項活動裡學得最多？為什麼？

4. ARTS 計畫教給你自己的是什麼？

⊙ 圖表 6.4　ARTS 計畫（印第安那州）：學生最終評鑑表

姓名：＿＿＿＿＿＿＿＿＿＿＿＿＿　年齡：＿＿＿＿＿＿　年級：＿＿＿＿＿

ARTS 計畫的參與團體名稱：＿＿＿＿＿＿＿＿＿＿＿＿＿＿＿＿＿＿＿＿＿

你最欣賞哪個團體或計畫？請說明理由。

你對特別邀請的演講者和來賓的印象是什麼？

你參加蒙婁郡博物館（Monroe County Museum）所舉辦的 ARTS 計畫日活動嗎？

意見：

參加 ARTS 計畫後你學到的或是得到的是什麼？

你改變了什麼？

有關 ARTS 計畫的意見：

最感興趣、他們學得什麼以及他們將有何改變。學習如何表達自己的想法和如何依據自己的想法去執行任務對許多學生是很重要的：「有志者事竟成」。整個計畫得到很多正面建議，許多學生表示：對於能在公開場合看到自己的創作被展示出來感到非常開心。

藝術教師在其日誌中提到 ARTS 計畫的政策與執行發展建議：

> ARTS 計畫讓我的學生接觸到社區資源，使他們察覺到在藝術領域的職業可能，並幫助他們學習到許多方法，讓他們能夠更有效的進行藝術創作。學生獲得了認識周遭社區的歷史、最終的藝術成果與實際的表現展示等機會，讓他們擁有特殊的經驗。

資優教育的共同領導者也是 ARTS 計畫的藝術教師曾寫出下列感想：

> 在 ARTS 計畫執行期間，我的學生與卡羅來納州 Gullah 文化背景的學生以及來自新墨西哥州 Hispanic 和 Pueblo 文化背景的學生互動。就如我們計畫的一部分，我們交換作業計畫和課程、研究我們自己的本地文化、製作並交換錄影帶和照片、交換筆友卡，並透過錄影帶的播映彼此討論。透過這些交換活動，學生因而了解縱使他們來自不同的文化背景，但別人其實與自己很相似。

新墨西哥州評量　評估進行時，教師必須手持筆記本記錄學生上課態度與課程效率；而學生則人手一本創作手冊，持續記錄自己的創作媒材、技巧和獨特想法等等。因此，學生本身就在評量的歷程之中。學生與自己不斷競爭讓他們了解自己的成就。第二年的時候，教師以質性表格（見圖表 6.5）並面談學生來評量學生的進步與成就。學生如果能夠在課堂創作、對創作表現出藝術天份與創作渴望、完成作業與計畫、對校外活動有

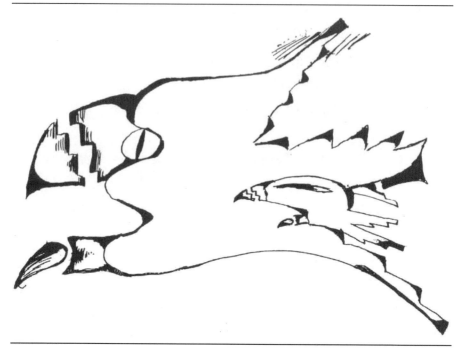

ᘓ 圖 6.2　Santo Domingo 小學所畫的抽象鳥圖像

興趣、完成素描本等等項目中，表現出足夠的動機與熱忱，則能夠獲得鼓
勵積分。最後一年，教師評量以下事項：素描本上是否表現出課堂學習的
技巧；作品集能夠呈現進步與完整性；不缺課；是否將作品發表至通訊雜
誌、公告欄或比賽；是否能與同學或家人分享自己學會的技巧等等。

　　特殊教育老師指出，學生的評量基礎是持續性，包含在公告欄上或學
習檔案中作品的持續評量。在公告欄上的作品有助學生藝術表現的成長，
並對課堂學習產生自信心的正向影響。ARTS 計畫的主任指出：「學生對
來自社區的藝術較有自覺。我們能從社區藝術家中取得許多作品，因為藝
術家們樂意借作品給學校掛在校園，學生對藝術的覺醒便提升了。」

⊙ 圖表 6.5　ARTS 計畫（新墨西哥州）：美國本土學生創造行為檢核表

| 學生姓名：＿＿＿＿＿＿＿　年齡：＿＿＿＿　學校：＿＿＿＿　年級：＿＿＿＿ |

注意事項：下列行為可能在教室環境內觀察到也可能無法觀察到。專題討論小組
　　　　　成員表示美國本地學生在其他美國本地人中、社團或家裡更可能會表
　　　　　現出其中的一些行為，而某些學生則不需要以口語來表達創意行為。

說　　　明：圈選最適合用來描述你所認識的學生的數字。

1＝從未如此	2＝很少如此	3＝有時如此	4＝經常如此	5＝總是如此

	1	2	3	4	5
1. 表現出有智慧的嬉鬧：有幻想力、想像力、思維縝密靈巧	1	2	3	4	5
2. 是一位勇於冒險者，愛冒險而且挑戰不確定的事物	1	2	3	4	5
3. 對於成功的定義有不一樣的評斷標準	1	2	3	4	5
4. 能對自己的文化背景展現敏銳的幽默感	1	2	3	4	5
5. 個人主義的；不畏與眾不同	1	2	3	4	5
6. 能依據現有的資訊預測未來結果	1	2	3	4	5
7. 對許多事情表現出好奇心；有多樣興趣	1	2	3	4	5
8. 能夠面對問題提出許多構想和問題的解決方式	1	2	3	4	5
9. 透過書寫、創意故事、詩等展現特殊能力	1	2	3	4	5
10. 對顏色、設計、構圖和其他藝術鑑賞或理解等特質有敏銳的感受	1	2	3	4	5
11. 對於旋律、韻律、形式、音調、情感和其他音樂特性有敏銳的感受	1	2	3	4	5
12. 在精緻藝術的某個領域展現特有能力或潛力（依經驗與養成背景而定）	1	2	3	4	5
13. 在實用藝術（例如木工、手工藝、金工、機械等等）的面向上展現特殊能力	1	2	3	4	5
14. 在肢體協調活動中展現特殊技巧和能力	1	2	3	4	5
15. 展現對非傳統行業的興趣	1	2	3	4	5
16. 能運用平凡的材料即興創作	1	2	3	4	5
17. 情感性的反應（不會在課堂上公開反應）	1	2	3	4	5
18. 展現口語表達能力（在課堂上不會表現出的口語表達）	1	2	3	4	5
19. 能覺察到自己的衝動並勇於面對自己的荒謬行徑	1	2	3	4	5

南卡羅來納州的評量方式 每一位老師使用個人的計畫評量表，在每一個課程計畫中總評學生的個別成就、整體進步情況，以及自我評量（見圖表6.6）。個別學生的自我評量呈現他們的成就感與課程中獲得的愉悅感。對父母的調查包括開放性問題，這些結果呈現學生對於學習 Gullah 文化感到很興奮。有一位家長說：「她真的很喜歡 Gullah 文化，因為那與她家庭很接近。她從來不知道這些文化只是近在咫尺的事。」孩子在學習計畫中最大的收穫是置身於不同文化氛圍中，自信心成長了，對藝術的興趣也提升了，在表演中擊鼓跳舞，參加不同的美術課程，並在不同文化中體驗藝術。

學生方面則必須針對個人創作計畫填寫評量表（見圖表6.7）。其中一項是造訪地方藝廊去參觀地方藝術家的作品。學生必須陳述他們對這些作品的想法，並對作品中的主題作報告。學生在日記中記載，自己在整個課

⊙ 圖表 6.6　ARTS 計畫（南卡羅來納州）：學生評量表

計畫主題：＿＿＿＿＿＿＿＿＿＿＿＿＿＿＿＿＿＿＿＿＿＿＿＿＿＿＿＿＿＿＿

學生姓名：＿＿＿＿＿＿＿＿＿＿＿＿＿＿＿＿＿＿＿＿＿＿＿＿　年級：＿＿＿＿＿

請圈出最合適的數字：

	優	可	劣
1. 學生是否能聽懂指示？	1	2	3
2. 學生是否熱中課堂討論？	1	2	3
3. 學生是否能在作品中展現創造力與原創性？	1	2	3
4. 學生們製作大量的作品嗎？	1	2	3
5. 學生的作品在視覺上是否美觀？	1	2	3
6. 學生是否能在課堂上接受指導？	1	2	3
7. 學生的作品是否能成功的表現想法？	1	2	3
8. 學生的作品是否能夠逐次進步？	1	2	3

建議：＿＿＿＿＿＿＿＿＿＿＿＿＿＿＿＿＿＿＿＿＿＿＿＿＿＿＿＿＿＿＿＿＿＿

＿＿＿＿＿＿＿＿＿＿＿＿＿＿＿＿＿＿＿＿＿＿＿＿＿＿＿＿＿＿＿＿＿＿＿＿＿

⊙ 圖表 6.7　ARTS 計畫：學生期末評量表

學生姓名：＿＿＿＿＿＿　年級：＿＿＿＿＿　指導教師：＿＿＿＿＿				
	很少	偶爾	經常	總是
上課不遲到				
參加課堂集會				
在素描本上練習				
把素描本帶到學校				
老師問問題時是否安靜的留心聽				
參與課堂討論				
善用時間				
在自己的作品上努力				
對於做自己的作品是否有自發性動機				
使用自己的原創想法創作				
創造具有技巧、組織良好的作品				
有效率的使用媒材				
能持續做作品直到整個計畫完成				
為改善自己的作品而展現動機				

程計畫中的早期作品受到這個參觀的影響。有一位學生說：「我比較現在的作品和去年的作品，對自己的改變感到驚訝。」

　　學生填寫期末評量表格時，必須說明他們最喜愛的課程、學到什麼、課程對他們的意義、入學考試是否公平、是否篩選出最適當的學生，以及他們的改變。學生的結論包括：「如果我加入對自己的學習意義的話，我學到自己可以做到任何想做的事。」以及「我學到自己多麼有創意！」教師的評量表包括一件檢核表和一份評分表。共有四項主題來評量創作技巧、成就和其他創作行為。教師的結論指出有位學生能成功的證明高層次的學習成就，但另一位則無法證明：

他總是顯現依賴性，被問到的時候看起來就要開始動手嘗試，但第一個月卻沒有什麼進展。過了兩年，他的作品滿成熟，也持續展現進步的動力。他對課堂的合作具有熱忱和期待，願意嘗試新的或不熟悉的工作，同時能夠協助同學。他能夠將新學到的東西應用在評論練習和新情境中。

她能夠配合自己要的目標，但卻無法在創造新作時面對現實情境的挑戰。她很快就失去興致，通常沒有完成作品，在評論練習的課堂中反應也不好。

南卡羅來納州當地的一位顧問如此評論：

每個參與 ARTS 計畫的成員從中獲得經驗，計畫中提供的訓練和資料為他們奠定良好的基礎。與其他州、族群和學校的參訪和交流帶來不同的視野，並豐富了他們藝術中的多樣性。這個計畫同時提供許多專業發展的活動，讓職前和在職的教師可以辨識學生、設計課程和修正真實評量。

有關 ARTS 計畫評量的結論

ARTS 的最終報告送交聯邦政府，報告彙整內部評鑑者的所有發現、外部評鑑者的報告，以及來自行政單位、教師、駐點督導（site directors）、藝術家和社區成員的各項回饋。內部的報告聲明多數依據計畫的結構作的決定大幅增加維持計畫目標獲致成功的可能性（Zimmerman, 1999）。首先決議針對計畫活動和結果必須強調以社區為本位（community-based）。教師和駐點工作人員在整體計畫的架構下，可以被授權評估自己的境況，選擇自己的方向，全在自己計畫案的框架下規劃自己的工具來達

成目標。透過不堅持跨區的一致性，本計畫的主導者了解各地的狀況、需求和處置那些需求的方法。在每個區域都與社區的藝術和藝術家結合，並且開創機會給家長和社區委員使他們參與計畫並欣賞學生的成就。

　　真實評量的許多觀點從多變的人群中掌握美術資優生的特殊意義。真實評量需要學習者和教師積極的參與，以決定評量的工具、方法、標準和評量的領域。因為教師和學生參與真實評量，他們的社會和文化建構的理解、個別目標以及獨特的優勢可以整合入評量過程。如此的評量可以幫助學生對自己的學習更具自省力、培養自我評量的能力，並促進內部焦點的控制（internal focus of control）或增能（empowerment）。

印第安那大學夏令藝術學院的真實評量

　　印第安那大學夏令藝術學院（IUSAI）的真實評量程序目的在於協助遴選學生入學、提供教／學過程的回饋、了解學生和教師達成目標的程度、告知學生和家長有關學生的進步和成就、了解哪裡需要改進，以及鼓勵目前課程的改變。

　　有一個 IUSAI 的進階繪畫課將被當作課堂上實施真實評量的範例（Zimmerman, 1992a, 1997b）。這門課安排十一天的教學，每天從上午10:00 到中午 12:00。這是 1988 年夏季所提供的三門課程中最高階的一門。這個班的二十位學生都是剛要升上八至十一年級的學生。因為這是特殊的夏令課程，學生參加此一課程並不能取得高中學分，也沒有正式的成績。

　　我們決定使用多樣化的評量方式去評估學生參加本計畫兩週內的進步情形與學習成就。我們沿用 Schavelson 等學者所建議的十個項目去評估學生對於特定科目的了解情形。在評估繪畫課時，則採用十二種不同的評量方式去決定學生和教師的進步與成就。

篩選程序

學生申請 IUSAI 時，必須說明為什麼他們想參加這個課程。他們必須回答一整頁的問題，並且沒有受到任何詳細的引導說明。因為渴望和興趣是鑑別藝術資優學生的重要因素。這個開放性的問題可以提供許多寶貴的資訊，讓 IUSAI 了解學生對課程的興趣和價值觀。IUSAI 不僅是要找到藝術才能已被認可的資優學生，也是要找到對視覺藝術有高度興趣、有高堅持度及有潛力的學生。

篩選的標準如下：

1. 對一項或多項視覺藝術有高度興趣。
2. 體驗和參與一項或多項視覺藝術。
3. 對一項或多項視覺藝術有高度動機和自信。
4. 比學生目前的年級高出至少兩個年級的成績表現。
5. 智力測驗達中等以上程度。
6. 目前名列在當地的資優課程中。

學生必須符合至少三到六項要求，才能被考慮進入 IUSAI 的課程。這樣做是撒大網子，希望收到的學生不僅是目前能力已經被認可的，也希望納入有潛力的學生；我們不希望獨厚某些經濟優渥可以參加校外藝術課程的學生。

學生被要求回答推薦表中的下列問題：「請告訴我們，為什麼你想參加 IUSAI 的課程？並說明你過去的藝術經驗。」那些後來參加高階繪畫課的學生的回答都根據他們的背景以及先前的藝術經驗訴說，學習時間和內容各有不同。夏令學院裡的多數學生來自印第安那州的鄉村小鎮，其中半數接受獎助學金支應開銷。以下簡要摘錄一位女學生的申請表，這是我們所收到的典型回應。其中包含媽媽、校長和藝術教師代為陳述的學生回應。這些推薦提供學生有興趣、有能力去獲取成功學院經驗的有力證明。

學生的回應：

❀圖 6.3　J. J. Davis 小學三年級學生以她的家庭為題
　　　　材所創作的版畫

　　我一直熱愛藝術，特別對繪圖感到興趣。空閒時候，我喜歡素描
人物和風景。我喜歡運用自己的想像創造人物，我也對攝影有興
趣，雖然我對攝影的經驗有限，但是我很喜歡攝影。我目前想朝
藝術方面的工作生涯發展。

校長的推薦：

> 她是一位自動自發、有直覺力和創意的好學生，擁有多項才能，
> 並且和教師與同儕有極佳的關係。

美術老師的推薦：

> 她非常有創意，並且創作出獨特的藝術作品，個性外向且機智，
> 將會非常喜歡貴機構的課程。

家長的意見：

> 她4歲開始就對繪畫很感興趣，只要有時間就會塗鴉畫畫。她熱
> 愛創作藝術作品，並曾獲得以下獎項。

教室評量

Zimmerman 觀察並訪談了每一位進階繪畫班的老師（有關繪畫教師 Mark 的詳細描述請參閱本書第四章），並把它當作一個較大型研究的一部分。蒐集所得到的資料包括：自己的筆記、教學的錄影帶、教室活動的投影片、學生的作品檔案（含完成品及創作過程）、學生的創作日誌、訪談的影帶，和兩個美術老師的觀察日誌。除此之外，還舉辦了三個焦點團體集會，每一團體都包含了六至八個學生，由兩位博士研究生來訪談總共二十位學生，訪談有關他們在藝術課的藝術創作感想和經驗，以及學院裡的一般事務。在學院作總結論之後，最後的學生作品展的觀察與評量都從學生、教師和家長那兒取得相關訊息。

美術老師的觀察日誌

有兩位實習教師將這個與美術資優課程（ATP）結合的繪畫課程當作他們的班級教學實習場域。這兩位教師就是這個繪畫班的全程觀察員。他們的觀察日誌就是把教室中的實習觀察心得記錄下來，內容包含他們所遭遇的問題、所遇的兩難處境和解決的方法，他們都被要求課堂觀察之後將

他們的實習經驗和自己的感想寫下來。

其中一位觀察員負責觀察美術教師 Mark 的教學，觀察重點是 Mark 解決問題的技巧，以及 Mark 如何將其他藝術科導入他的課程裡：

> 他注意到有些學生並不熱中於他們的畫，他指出人們對繪畫不感興趣的原因是他們不相信自己的畫是「真實的」。他提到：繪畫包含問題解決，以及學生必須透過分析法去描述他們自己作品裡存在著什麼問題。他說：不要認為整幅畫是「錯誤的」，他要學生們精確地分析問題的所在。我認為這是介紹批判性思考技巧的好方法。

她也寫道：

> 我喜愛他在創作課裡融入藝術史、藝術批評和美學的教學方式！那是一個完美的教學範例，因為他使教學的內容變得豐富而不流於一般的口頭講述。這位觀察員也提到有關教師的策略問題：「這個人充滿活力，而這些學生容易被他的那豐富的知識和他的正確評論所吸引，他真正要做的事就是讓學生思考。」

另一觀察員則注意到學生遭遇挫折時，教師告訴她如何解決她的繪畫問題，並說：「不要迷失於畫作裡。往後站，冷靜分析……你該做些什麼才能使作品更完美？記得要盡你所能地去畫好這幅畫……這只是一種技巧……就像刷牙一般。」這位觀察員也建議：「教師運用不同文化背景的藝術家所畫的肖像畫，比較他們在作品中所創造出來的不同心境、質感、氣氛……並要求學生將這些特質拿來與自己的作品比對。」他也提到：教師在最後一堂課以這些話指導學生：「你們全體的表現極佳。你們要記住：繪畫過程裡充滿了你的努力與挫折，但是你終將獲得成功。」除此之外，他也認為學生個人的批評是有價值的，因此他鼓勵學生在班級評論過

程中多提意見，縱使他「主導的討論未涉及的許多問題也能激起更進一步的討論」。

　　兩位觀察員建議學生選掛作品於最後成果展覽。這些作品包含尚未完成的以及已經完成的作品，同時也摘錄創作感言。其中一位觀察員在觀察日誌中記述最後成果展的價值，以及參與繪畫實習將影響她未來的教學經驗：

　　當每一件事完全呈現時，我可以了解這些學生在短時間內所完成的有哪些。在展覽過程中，我跟好幾位家長聊過，他們似乎都為自己孩子感到無比驕傲，並表示他們學了許多與藝術有關的常識，並在他們的孩子創作他們「偉大作品」的過程中，也學到了很多事。我回想到我自己的美術教學，從中我學到了很多；尤其，我知道我將來一定會將自己的教學體驗寫在教學日誌裡。

學生評量

　　透過學生的素描簿、日誌、照片、創作過程投影片、肖像畫、訪談、團體活動和最後的學院評量等方式，真實評量（authentic assessment）被用來決定學生在繪畫課的進步與成就。學生們都表示他們在課程中學到很多繪畫技巧，學會運用「不同的方式」觀賞藝術品，並使用繪畫媒材表達他們自己的構想。許多學生在報告中談到他們在課堂學習過程中取得更堅強的信心。「團體批評」（group critiques）被引用為「彼此了解我們自己所犯的錯誤」（learning about our own mistakes and someone else's too）的意思。有一位學生描述他的繪畫老師說：他所給你的一個概念就是讓你知道他要你做些什麼。他也讓你知道自己該如何繼續往下做。假如他發現你顯得無聊時，他會講故事改變你的注意力。我認為他是一位很好的老師，同時也是一位好人。

　　另一位學生描述她學習繪畫技巧的情況：

我過去不曾正確畫好鼻子。我學會如何去表現它的重點、筆調、明暗；現在我已了解怎麼畫它。我的風格也改變了，我已經藉由一些範例和課堂的示範學到我想得到的。

還有另一位學生表示他的挫折感與成就感：

我感受到與其他學生相處的樂趣，也學會對待眾人有如對待自己。課堂的學習很辛苦，我必須把我的自畫像畫得很逼真。我不欣賞這作品，但是我卻樂於知道這兒即將發生的一切。

印第安那大學夏令藝術學院學生們的最終評量

當夏令學院全部課程結束時，學生被要求填寫評鑑表。學生們被問及的一個問題是：在這次的課程中，他們感受最深、將來最可能記得的事是什麼。他們之中的一個典型的意見是：「在這裡我都沒有得到成績，過去以來我始終擔憂的就是成績，然而在這裡，我終於覺得我是實在的一個人。」至於在提升他們對於其他的文化理解方面，有一位寫道：「我所了解的不只是整個印第安那州，甚至是超越印第安那州這裡。」另一學生寫道：「我認識許多來自世界各地的人。我也更加了解自己。」大多數學生最感興趣的部分是他們學會觀賞藝術品與討論藝術品，以及他們學會評量自己和別人的作品。有位學生寫道：「觀賞和了解其他地方的人所創作的藝術品是一件很奇妙的事。」另一位學生寫道：「我的想像力總算得到啟發，過去從未有人問我對於藝術的想法，我真的愛上了它！」

家長評量

在 1988 年的夏令藝術學院結束之後，學生家長或監護人都收到一些評量表，要求他們填寫有關學生的進步情形，及家長自己的成長。他們回

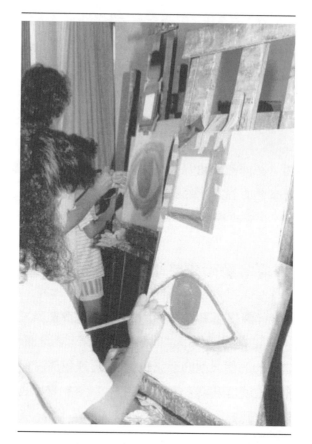

cs 圖 6.4　學生在 Mark 的印第安那大學夏令藝術學
　　　　院繪畫課畫「大眼睛」

覆給印第安那大學夏令藝術學院的報告裡，很多都說孩子們很享受學習繪
畫專業技術與技巧的經驗，而且也懂得思考反省，在人際關係和情感上都
變得成熟些，也學會了接受批評，而且很欣賞 Mark 老師的教學策略。以
下就是學生家長回答評量表所列出的問題的例子：

　　問題：貴子弟對於繪畫課的整體印象如何？那些話語被用來描述這門
　　　　　課？

她喜愛她所體驗的一切——包括每個方面。她用來描述的話語如：「太棒了」、「學得非常多」、「未曾有過無聊感」，以及「也學到許多屬於自己的事」。

問題：貴子弟最常談到的經驗是什麼？此一經驗為何留下如此鮮明的記憶？

繪畫老師和老師所提供的那些具有建設性的評論與欣賞作品的方式。當老師為了激勵學生並了解老師如何創作而邀請他們參觀工作室時，老師對學生的尊重可從他們將學生視為年輕畫家得到證明。

問題：貴子弟對於繪畫課還記得哪些印象？

老師的態度——仁慈，但提出特殊的建議請學生改進。他提供意見是這樣開始：「這樣很不錯，但還可以表現得更好。」

問題：身為學生家長或監護人，您對於未來課程的互動是很重要的。請您在這表格的背面描述您對這個計畫的回應。那些該保留？那些該改變？

我的女兒是農村女孩，但她感受到社會化的樂趣……有許多來自不同背景的小孩，這是很好的經驗，她可以和其他不同生活形態的小孩相處。感謝您讓我的女兒參加這個夏令活動。

另一位家長針對最後一道問題的回答也談到她兒子有必要參與社交活動，她說：

我們熱愛這個課程，也很樂意看到我們的兒子有此機會參加此一課程。對我兒子而言，能與一大群具有同樣興趣的小孩在一起學習的機會是很重要的。他全然沉浸於此一密集教學的樂趣裡，同時也在此一社交環境中，於很短的時間內培養彼此間的友誼。

還有另一位家長則建議：

以特殊的觀點去探究平日常見的事物，總是有助於培養多面向的思考能力。孩子們真正能以他們的見解去判斷他們與大人們的觀點之間有何差異。任何一個能激發他們思考的過程都有它的正面意義。導引學生們去了解其他文化和其他世界是件非常好的事。

許多家長的建議可供日後改進的參考。其中有許多意見是有關學院管理策略之改善，也有少數意見提及繪畫課的改進，例如「強調畫家或畫派的介紹，例如深入了解印象主義畫派，並且在他們參加夏令學院課程之前，預先將這些主題的閱讀資料表寄給學生們」。

至於學生所建議的改進事項則包含要求允許他們在夏令學院課程的參與過程中選更多的繪畫課或夜間選修這些繪畫課、延長課程實施時程為三星期，以利「提升個人繪畫創作深度。此一改變可以讓學生們在更輕鬆愉快的氣氛中從事繪畫創作。我們也因此能取得更寬裕的時間或更多天去完成畫作」。其中有許多來自教師—觀察員（teacher-observers）對於 Mark 老師繪畫課的建議和評論將提供日後的夏令學院課程參考。

評量過程的反思

這個夏令學院計畫的大部分目標、工作室教學、特定的繪畫課都配合上述真實評量的要求。學生們確實獲得了新的知識與技巧，了解更多的視覺藝術，他們也有許多機會與其他有同樣興趣和能力的人互相切磋。在繪畫課裡，他們也變得更精通於批判自己和其他人的作品，發展出更多的語彙來討論藝術品，並且擴充他們的能力去對自己的創作品和他人的作品做更具資訊的決定。繪畫教師所給予學生的目標——了解他們自己和他們的作品，以及體驗「如何扮演一位藝術家」——似乎已經達成（參閱第四章有關繪畫教師教學策略的描述）。

　　這裡所報導的真實評量是特別為學院背景和參加 Mark 繪畫課的學生而設計的。在其他環境主導真實評量要用不同的工作項目和評量方式去決定課程目標是否已經達成。主導真實評量可以提升教師的能力，並提供有效的教學工具和新的問題解決技術給他們。

實施真實評量的建議

　　針對實施 ARTS 計畫、印第安那大學的夏令藝術學院，以及其他一些美術資優課程等之真實評量所得到的成果，我們要提出以下有關真實評量的建言。

建議 1　實施真實評量的單位必須將其研究策略的方向調整為因應該社區與個人的需要。把真實評量作為一種研究的工具，必須重新思考研究者與研究資料（包括主題、社區與人）之間的關係。由於研究的機制是協商，而非執行，故研究者與社區的關係必須是屬於協同合作的調查關係。同時，研究的過程與結果都是非常重要的；教師在過程中必須與學生們共同合作來解決技巧、表達和認知的問題。

建議 2　運用以下的方法才能使真實評量達成預定的目標：
1. 針對不同特定的課程選定不同的學生。
2. 要先清楚示範：教師和學生所將達成的目標是何種程度。
3. 告知學生如何才能使他們達成目標。
4. 提供老師一些資訊使其知道已達成哪些目標，及該調整的地方有哪些。
5. 以一些有意義的工作任務來建立有效的評量系統。
6. 提供家長們一套簡易的工具，幫助他們了解孩子的成長。

7. 最後要辦理一個公開性的展覽，讓學生們得以展示他們所得的技巧，及他們針對某主題所能展現的想像力與實行力。

☕ 圖 6.5　這是參加印第安那大學夏令藝術學院的七年級學生所創作的照片拼貼。這位女學生以「我的家庭與我」為主題，畫面上所表現的是她的生活環境和環境裡包含的各種不同要素

建議 3 視覺藝術的學習經驗很難以過度簡化的方法和可預知的結果去描述,因為這些可預知的結果與學生們的需求和他們實際經驗的過程或創作的產品並沒有密切關聯。伴隨著視覺藝術領域課程和資優教育標準的產生,真實評量的優點顯得格外重要。真實評量包含整合的、具挑戰性的、有意義的,以及與真實生活有關而又難以取代的情境。真實地評量學生可以因應全國和各州的標準要求,甚至遠超過學生們的最低需求。

建議 4 慎重地顧慮到每一個學生個別的興趣、能力、認知型態、學習速率、發展能力的樣式、行動方式、工作習慣、性情,以及種族特性、性別和社會等級都是重要的事。真實評量的方法應適切配合多元的議題,並強化學生們的成就,而不是只針對那些具有特殊背景和特殊社會階層的人。學生的成就應加以重視與提升,裨益激發學習。同時也要提供工具給教師們,讓教師們傳授高品質的教學給學生,這些學生當然包含美術資優生。運用這種著重於藝術才能發展的「教與學」模式可以在各地區、各州,甚至全國加以擴充與支持。

建議 5 真實評量的重點應該在於提升班級中教與學的層次。儘管真實評量對於教師、學生,和各方面資源都多於傳統的要求,然而,從整個對話過程中蒐集到較佳的教與學的資訊,所獲得的價值高於所付出的努力。

R eference
參考文獻

chter, J. A., Benbow, C., & Lubinski, D. (1997). Re-thinking multipotentiality among intellectually gifted: A critical review and recommendatons. *Gifted Child Quarterly, 41*(1), 5–15.

dvanced Placement Program. (1993). Evanston, IL: College Entrance Examination Board.

nderson, T. (1992). Drawing upon the eye, the brain, and the heart. *Art Education, 45*(5), 45–50.

nderson, T. (1995). Toward a cross-cultural approach to art criticism. *Studies in Art Education, 36*(4), 198–209.

ndrews, U. (1994). Boxes: Private/Public spaces. In E. Zimmerman (Ed.), *Making a difference: Differentiated curriculum units by teachers in the 1993 Artistically Talented Program* (pp. 3–11). Bloomington: Indiana University, School of Education, and the Indiana Department of Education, Gifted and Talented Program.

yer, F. C. (1916). *The psychology of drawing with special reference to laboratory teaching.* Baltimore, MD: Warwick & York.

anks, J. A. (1993). Approaches to multicultural curriculum reform. In J. A. Banks & C. M. Banks (Eds.), *Multicultural education: Issues and perspectives* (2nd ed., pp. 195–214). Boston: Allyn & Bacon.

arrett, T. (1990). *Criticizing photographs: An introduction to understanding images.* Mountain View, CA: Mayfield.

arrett, T. (1995). *Lessons for teaching art criticism.* Bloomington, IN: ERIC/Art.

ecker, H. S. (1964). Introduction. In H. S. Becker (Ed.), *The other side: Perspectives on deviance* (pp. 1–5). New York: Free Press.

elenky, M. F., Clinchy, B. M., Goldberger, N. R., & Tarule, J. M. (1986). *Women's ways of knowing: The development of self, voice, and mind.* New York: Basic Books.

landy, D., & Hoffman, E. (1993). Toward an art education of place. *Studies in Art Education, 35*(1), 22–33.

loom, B. S. (1985). *Developing talent in young people.* New York: Ballantine.

Borland, J. H. (1986). IQ tests: Throwing out the bath water, saving the baby. *Roeper Review, 8*(2) 163–167.

Brittain, W. L. (1961). Creative art. In L. A. Fliegler (Ed.), *Curriculum planning for the gifted* (pp. 201–221). Englewood Cliffs, NJ: Prentice-Hall.

Broudy, H. S. (1972). *Enlightened cherishing.* Urbana: University of Illinois Press.

Broudy, H. S. (1987). *The role of imagery in learning.* Los Angeles: Getty Center for Education in the Arts.

Buescher, T. M. (1985). Seeking the roots of talent: An interview with Howard Gardner. *Journal of Education of the Gifted, 8*(3), 179–187.

Buros, O. (Ed.). (1972). *The seventh mental measurements yearbook.* Highland Park, NJ: Gryphon Press.

Burton, J., Horowitz, R., & Ables, H. (2000). Learning in and though the arts: The question of transfer. *Studies in Art Education, 41*(3), 228–257.

Chapman, L. H. (1978). *Approaches to art in education.* New York: Harcourt, Brace, Jovanovich.

Chetelat, F. J. (1982). *A preliminary investigation into the life situations and environments which nurture the artistically gifted and talented child.* Unpublished doctoral dissertation, Pennsylvania State University, College Park.

Clark, B. (1979). *Growing up gifted: Developing potential of children at home and at school.* Columbus, OH: Merrill.

Clark, G. (1984). Establishing reliability of a newly designed visual concept generalization test in the visual arts. *Visual Arts Research, 10*(2), 73–78.

Clark, G. (1987). Early inquiry, research, and testing of children's art abilities. In G. Clark, E. Zimmerman, & M. Zurmuehlen, (Eds.), *Understanding art testing* (pp. 1–18). Reston, VA: National Art Education Association.

Clark, G. (1989). Screening and identifying students talented in the visual arts: Clark's Drawing Abilities Test. *Gifted Child Quarterly, 33*(3), 98–105.

Clark, G. (1992). Child art, art teachers and gifts: Implications of the concept of artistic giftedness. *Images, 3*(3), 2.

Clark, G. (1993). Judging children's drawings as measures of art abilities. *Studies in Art Education, 34*(2), 72–81.

Clark, G. (1997). Identification. In G. Clark, & E. Zimmerman, *Project ARTS: Programs for ethnically diverse, economically disadvantaged, high ability, visual arts students in rural communities* (pp. 17–87). Washington, DC: U.S. Department of Education. (ERIC Document Reproduction Service No. ED 419 762 and ED 419 765)

Clark, G., Day, M., & Greer, W. D. (1987). Discipline-based art education: Becoming students of art. *Journal of Aesthetic Education, 24*(2), 129–193. (Republished in *Discipline-based art education: Origins, meaning, and development*, pp. 129–193, by R. A. Smith, Ed., 1989, Urbana: University of Illinois Press)

Clark, G., & Wilson, T. (1991). Screening and identifying gifted/talented students in the visual arts with Clark's Drawing Abilities Test. *Roeper Review, 13*(2), 92–97.

Clark, G., & Zimmerman, E. (1978a). *Art/design: Communicating visually.* Blauvelt, NY: Art Education.

Clark, G., & Zimmerman, E. (1978b). A walk in the right direction: A model for visual arts education. *Studies in Art Education, 19*(2), 34–49.

Clark, G., & Zimmerman, E. (1981). Toward a discipline of art education. *Phi Delta Kappan, 63*(1), 53–55.

Clark, G., & Zimmerman, E. (1983). Toward establishing first class, unimpeachable art curricula prior to implementation. *Studies in Art Education, 24*(2), 77–85.

Clark, G., & Zimmerman (1984). *Educating artistically talented students.* Syracuse, NY: Syracuse University press.

Clark, G., & Zimmerman, E. (1986). A framework for educating artistically talented students based on Feldman's and Clark and Zimmerman's models. *Studies in Art Education, 27*(3), 115–122.

Clark, G., & Zimmerman, E. (1987). *Resources for educating artistically talented students.* Syracuse, NY: Syracuse University Press.

Clark, G., & Zimmerman, E. (1988a). Professional roles and activities as models for art education. In S. M. Dobbs (Ed.), *Research readings in discipline-based art education: A journey beyond creating* (pp. 78–97). Reston, VA: National Art Education Association.

Clark, G., & Zimmerman, E. (1988b). Views of self, family background, and school: Interviews with artistically talented students. *Gifted Child Quarterly, 32*(4), 340–346.

Clark, G., & Zimmerman, E. (1992). *Issues and practices related to identification of gifted and talented students in the visual arts* (Javits Act Program Grant No. R206R0001) Storrs, CT: National Research Center on the Gifted and Talented.

Clark, G., & Zimmerman, E. (1994). *Programming opportunities for students talented in the visual arts* (Javits Act Program Grant No. R206R0001) Storrs, CT: National Research Center on the Gifted and Talented.

Clark, G., & Zimmerman, E. (1997). *Project ARTS: Programs for ethnically diverse, economically disadvantaged, high ability, visual arts students in rural communities* (Javits Act Program, Grant No. R206A30220). Washington, DC: U. S. Department of Education. (ERIC Document Reproduction Service No. ED 419 762 and No. ED 419 765)

Clark, G., & Zimmerman, E. (1998). Nurturing the arts in programs for gifted and talented students. *Phi Delta Kappan, 79*(10), 747–756.

Clark, G., & Zimmerman, E. (2000). Greater understanding of the local community: A community-based art education program for rural schools. *Art Education, 53*(2), 33–39.

Clark, G., & Zimmerman, E. (2001a). Art talent development, creativity, and enrichment programs for artistically talented students in grades K–8. In M. D. Lynch & C. R. Harris (Eds.), *Fostering creativity in children, K–8: Theory and practice* (pp. 211–226). Boston: Allyn & Bacon.

Clark, G., & Zimmerman, E. (2001b). Identifying artistically talented students in four rural communities in the United States. *Gifted Child Quarterly, 45*(2), 104–114.

Clark, G., & Zimmerman, E. (2003, April), *A pilot project for developing visual art talent in Hong Kong.* Paper presented at the convention of the National Art Education Association, Minneapolis, MN.

Cole, C. (1993). More than meets the eye: Architectural preservation awareness. In G. Clark & E. Zimmerman (Eds.), *Making a difference: Differentiated curriculum units by teachers in the 1993 Artistically Talented Program* (pp. 68–80). Bloomington: Indiana University, School of Education, and the Indiana Department of Education, Gifted and Talented Program.

Committee of Ten. (1893). In *Report of the Committee of Education for the year 1892–93* (Vol. 2). Washington, DC: U.S. Government Printing Office.

Cooke, E. (1985). On art teaching and child nature. *Journal of Education, 8*(198), 12–15.

Csikszentmihalyi, M. (1990). *Flow: The psychology of optimal experence.* New York: Harper.

Csikszentmihalyi, M. (1996). *Creativity: Flow and the psychology of discovery and invention.* New York: HarperCollins.

Darling-Hammond, L. D. (1993). Re-framing the school reform agenda: Developing capacity for school transformation. *Phi Delta Kappan, 74*(10), 753–761.

avis, J. (1997a). Does the "U" in the U-curve also stand for universal? Reflections on provisional doubts. *Studies in Art Education*, *38*(3), 179–185.

avis, J. (1997b). Drawing's demise: U-Shaped development in graphic symbolization. *Studies in Art Education*, *38*(3), 132–157.

Leo, J. H. (1977). *Child development: Analysis and synthesis*. New York: Brunner/Mazel.

land, A. (Ed.). (1970). *Guidelines for planning art instruction in the elementary schools of Ohio*. Columbus: Ohio Department of Education.

land, A., Freedman, K., & Stuhr, P. (1996). *Postmodern art education: An approach to curriculum*. Reston, VA: National Art Education Association.

sner, E. W. (1972). *Educating artistic vision*. New York: Macmillan.

sner, E. W. (1994). *Cognition and curriculum reconsidered*. New York: Teachers College Press.

vans, K. M., & King, J. A. (1994). Outcome-based gifted education: Can we assume contined support? *Roeper Review*, *16*(4), 260–264.

eldhusen, J. F. (1992). *Talent and identification and development in education (TIDE)*. Sarasota, FL: Center for Creative Learning.

eldhusen, J. F. (1994). A case for developing America's talent: How we went wrong and where we go now. *Roeper Review*, *16*(4), 231–322.

eldhusen, J. F. (1995). Talent development as the alternative in high school programs. *Understanding Our Gifted*, *7*(4), 1, 11–14.

eldhusen, J. F., Asher, J. W., & Hoover, S. M. (1984). Problems in the identification of giftedness, talent, or ability. *Gifted Child Quarterly*, *28*(4), 149–151.

eldhusen, J. F., & Hoover, S. M. (1986). A conception of giftedness: Intelligence, self-concept, and motivation. *Roeper Review*, *8*(3), 140–143.

eldman, D. H. (1979). The mysterious case of extreme giftedness. In A. H. Passow (Ed.), *The gifted and the talented: Their education and development* (pp. 335–351). Chicago: University of Chicago Press.

eldman, D. H. (1980). *Beyond universals in cognitive development*. Norwood, NJ: Ablex.

eldman, D. H. (1982). *Developmental approaches to giftedness and creativity*. San Francisco: Jossey-Bass.

eldman, D. H. (1983). Developmental psychology and art education. *Art Education*, *36*(2), 19–21.

eldman, D. H. (1985). The concept of non-universal developmental domains: Implications for artistic development. *Visual Arts Research*, *11*(1), 82–89.

eldman, D. H. (1999). The development of creativity. In R. J. Sternberg (Ed.), *Handbook of creativity* (pp. 169–186). Cambridge, UK: Cambridge University Press.

Feldman, D. H., & Goldsmith, L. (1986a). *Nature's gambit: Child prodigies and the development of human potential*. New York: Basic Books.

Feldman, D. H., & Goldsmith, L. (1986b). Transgenerational influences on the development of early prodigious behavior: A case study approach. In W. Fowler (Ed.), *Early experience and the development of competencies* (pp. 83–97). San Francisco: Jossey-Bass.

Feldman, E. B. (1973). The teacher as model critic. *Journal of Aesthetic Education*, *7*(1), 50–57.

Feldman, E. B. (1981). *Varieties of visual experience*. Englewood Cliffs, NJ: Abrams.

Fine, M. J. (1970). Facilitating parent-child relationships for creativity. *Gifted Child Quarterly*, *21*(4), 487–500.

Ford, B. (1978). Student atttudes toward special programming and identification. *Gifted Child Quarterly*, *22*(4), 402–491.

Fritz, H. E. (1930). A search for the conservation of the gifted. *Bulletin of High Points*, *12*(8), 19–25.

Gallagher, J. J. (1985). *Teaching the gifted child* (3rd ed.). Boston: Allyn & Bacon.

Gallagher, J. J. (1993). Comments on McDaniel's education of the gifted and the excellence-equity debate. In C. J. Maker (Ed.), *Critical issues in gifted education: Vol. 3. Programs for the gifted in regular classrooms* (pp. 19–21). Austin, TX: Pro-Ed.

Gallagher, J. J., & Gallagher, S. A. (1994). *Teaching the gifted child* (4th ed.). Needham, MA: Allyn & Bacon.

Gardner, H. (1980). *Artful scribbles: The significance of children's drawings*. New York: Basic Books.

Gardner, H. (1983). *Frames of mind: The theory of multiple intelligences*. New York: Basic Books.

Gardner, H. (1989). Toward more effective arts education. In H. Gardner & D. Perkins (Eds.), *Art, mind, and education* (pp. 157–167). Urbana: University of Illinois Press.

Gardner, H. (1996). The creator's patterns. In M. A. Boden (Ed.), *Dimensions of creativity* (pp. 143–158). Cambridge, MA: MIT Press.

Gardner, H., & Winner, E. (1982). First intimations of artistry. In S. Strauss (Ed.), *U-shaped development* (pp. 147–168). New York: Academic Press.

Gardner, J. W. (1961). *Excellence: Can we be excellent and equal too?* New York: Harper Colophon Books.

Getzels, J. W., & Csikszentmihalyi, M. (1976). *The creative vision: A longitudinal study of problem finding in art*. New York: John Wiley & Sons.

The gifted and talented children's act, Pub. L. No. 95-561, §902 (1978).

Gilligan, C. (1982). *In a different voice: Psychological theory and women's development*. Cambridge, MA: Harvard University Press.

Gitomer, D., Grosh, S., & Price, K. (1992). Portfolio culture in arts education. *Art Education, 45*(1), 7–15.

Goldsmith, L. T. (1992). Wang Yani: Stylistic development of a Chinese painting prodigy. *Creativity Research Journal, 5*(3), 281–293.

Golomb, C. (1992a). *The child's creation of a pictorial world.* Berkeley: University of California Press.

Golomb, C. (1992b). Eitan: The early development of a gifted child artist. *Creativity Research Journal, 5*(3), 265–27 framework.

Golomb, C. (1995). Eitan: The artistic development of a child prodigy. In C. Golomb (Ed.), *The development of artistically gifted children: Selected case studies* (pp. 171–196). Hillside, NJ: Lawrence Erlbaum.

Graves, M. (1978). *Graves Design Judgment Test.* New York: Psychological Corporation.

Gross, M. U. M., MacLeod, B., Drummond, D., & Merrick, C. (2001). *Gifted students in primary schools: Differentiating the curriculum.* University of New South Wales. Sydney: GERRIC.

Gross, M. U. M., Sleap, B., & Pretorius, M. (1999). *Gifted students in secondary schools: Differentiating the curriculum.* University of New South Wales, Sydney: GERRIC.

Grube, L. (1993). Social problems and art: How artists can use their talents to help their community. In G. Clark & E. Zimmerman (Eds.), *A community of teachers: Art curriculum units by teachers in the 1992 Artistically Talented Program* (pp. 1–7). Bloomington: Indiana University, School of Education, and the Indiana Department of Education, Gifted and Talented Program.

Guskin, S. (1978). Theoretical and empirical strategies for the study of the labeling of mentally retarded persons. In N. R. Ellis (Ed.), *International Review of Research in Mental Retardation* (pp. 34–47). New York: Academic Press.

Guskin, S., Zimmerman, E., Okola, C., & Peng, J. (1986). Being labeled gifted or talented: Meanings and effects perceived by students in special programs. *Gifted Child Quarterly, 30*(2), 61–65.

Hamblen, K. (1984). An art criticism questioning strategy within the framework of Bloom's taxonomy. *Studies in Art Education, 26*(1), 41–50.

Harris, D. B. (1963). *Children's drawings as measures of intellectual maturity: A revision and extension of Goodenough's Draw-A-Man Test.* New York: Harcourt, Brace & World.

Hausman, J. (1994). Standards and assessment: New initiative and continuing dilemmas. *Art Education, 47*(2), 9–13.

Herman, J. L., Aschbacher, P. K., & Winters, L. (1992). *A practical guide to alternative assessment.* Alexandria, VA: Association for Supervision and Curriculum Development.

Hildreth, G. H. (1941). *The child mind in evolution: A study of developmental sequences in drawing.* New York: King Crown.

Horn, C. C. (1953). *Horn Art Aptitude Inventory.* Chicago: Stoelting.

Hunsaker, S. L., & Callahan, C. (1995). Creativity and giftedness: Instrument uses and abuses. *Gifted Child Quarterly, 39*(2), 110–114.

Hurwitz, A. (1983). *The gifted and talented in art: A guide to program planning.* Worcester, MA: Davis.

Hurwitz, A., & Day, M. (2001). *Children and their art: Methods for the elementary school* (7th ed.). San Diego, CA: Harcourt College Publishers.

Jellen, H. G., & Verduin, J. R. (1986). *Handbook for differential education of the gifted: A taxonomy of 32 key concepts.* Carbondale: Southern Illinois University Press.

Johnson, N. (1985). Teaching and learning in art: The acquisition of art knowledge in an eighth-grade class. Arts and Learning SIG: *Proceedings of the American Educational Research Association, 3*, 14–32.

Johnson, R. (1993). How mpressionism reflected social impacts of the 1980s. In G. Clark & E. Zimmerman (Eds.), *A Community of teachers: Art curriculum units by teachers in the 1992 Artistically Talented Program* (pp. 8–20). Bloomington: Indiana University, School of Education, and the Indiana Department of Education, Gifted and Talented Program.

Kaufman, A. S., & Harrison, P. L. (1986). Intelligence tests and gifted assessment: What are the positives? *Roeper Review, 8*(3), 154–159.

Kerr, B. A. (1987). *Smart girls, gifted women.* Columbus, OH: Ohio Psychology Publishing.

Kerschensteiner, I. G. (1905). *Die entwickelung der zeichnerischen begabung* [The development of drawing ability]. Munich: Gerber.

Khatena, J. (1982). *Educational psychology of the gifted.* New York: Wiley & Sons.

Khatena, J. (1989). Intelligence and creativity to multi-talent. *Journal of Creative Behavior, 23*(2), 93–97.

Khatena, J. (1992). *Gifted: Challenge and response for educators.* Itasca, IL: Peacock.

Kindler, A. (2000). From the U-Curve to dragons: Culture and understandings of artistic development. *Visual Arts Research, 26*(2), 15–28.

Kindler, A., & Darras, B. (1998). Culture and development of pictorial repertoires. *Studies in Art Education, 39*(2), 47–67.

Kindler, A., Pariser, D., van den Berg, A., & Lui, W. (2001). Visions of Eden: The differential effect of skill on adult's judgments of children's drawings: Two cross-cultural studies. *Canadian Review of Art Education, 28*(2), 35–63.

einsasser, A. M. (1986). Equity in education for gifted rural girls. *Rural Special Education Quarterly, 8*(4), 27–30.

ruse, S. (1991). Multi-cultural enrichment for fourth grade students. In G. Clark, & E. Zimmerman (Eds.), *Programs for artistically talented students* (pp. 58–61). Bloomington: Indiana University, School of Education, and the Indiana Department of Education, Gifted and Talented Program.

ulik, J. A. (1992). *An analysis of the research on ability grouping: Historical and contemporary perspectives.* Storrs, CT: National Research Center on the Gifted and Talented.

ulik, J. A., & Kulik, C. L. (1992). Meta-analytic findings on grouping programs. *Gifted Child Quarterly, 36*(2), 73–77.

andrum, M. S., Callahan, C. M., Shaklee, B. D. (2001). *Aiming for excellence: Gifted program standards.* Waco, TX: Prufrock Press.

ark-Horovitz, B., Lewis, H. P., & Luca, M. (1967). *Understanding children's art for better teaching.* Columbus, OH: Charles E. Merrill.

ark-Horovitz, B., & Norton, J. A. (1960). Children's art abilities: The interrelations and factorial structure of ten characteristics. *Child Development, 31*(1), 453–462.

ewis, M. G. (1993). *Without a word: Teaching beyond women's silence.* New York: Routledge.

oeb, R. C., & Jay, G. (1987). Self-concept in gifted children: Differential impact in boys and girls. *Gifted Child Quarterly, 31*(1), 9–14.

owenfeld, V. (1954). *Your child and his art: A guide for parents.* New York: Macmillan.

ubart, T. L. (1999). Creativity across cultures. In R. Sternberg (Ed.), *Handbook of creativity* (pp. 339–350). Cambridge, UK: Cambridge University Press.

uca, M., & Allen, B. (1974). *Teaching gifted children art in grades one through three.* Sacramento: California Department of Education.

utz, F., & Lutz, S. B. (1980). Gifted pupils in the elementary school setting: An ethnographic study. Paper presented at the annual meeting of the American Educational Research Association, Boston.

Maeroff, G. I. (1988). A blueprint for empowering teachers. *Phi Delta Kappan, 69*(7), 473–477.

Maker, C. J. (1982). *Curriculum development for the gifted.* Austin, TX: Pro-Ed.

Manuel, H. T. (1919). Talent in drawing: An experimental study of the use of tests to discover special ability. *School and Home Education Monograph No. 3.* Bloomington, IL: Public School Publishing.

Marché, T. (1997). Community-based art education: Curriculum development. In G. Clark & E. Zimmerman, *Project ARTS: Programs for ethnically diverse, eco-nomically disadvantaged, high ability, visual arts students in rural communities* (pp. 88–111). Washington, DC: U.S. Department of Education. (ERIC Document Reproduction Service No. ED 419 762 and ED 419 765)

Marché, T., & Zimmerman, E. (2000). Assessment methods for students from diverse populations. In S. D. LaPierre, M. Stokrocki, & E. Zimmerman (Eds.), *Research methods and methodologies for multicultural and cross-cultural research in art education* (pp. 31–36). Tempe, AZ: Arizona Arts Education Research Institute.

Marland, S. P. (1972). *Education of the gifted and talented, Vol. 1: Report to the Congress of the United States by the U.S. Commissioner of Education.* Washington, DC: U.S. Government Printing Office.

Meier, N.C. (Ed.). (1939). Studies in the psychology of art Vol. III. *Psychological Monographs, 51* (1). Iowa City, IA: University of Iowa Press.

Meier, N. C. (1942). *Art in human affairs: An introduction to the psychology of art.* New York: McGraw-Hill.

Milbrath, C. (1995). Germinal motifs in the work of a gifted child artist. In C. Golomb (Ed.), *The development of artistically gifted children: Selected case studies* (pp. 101–134). Hillside, NJ: Lawrence Erlbaum.

Milbrath, C. (1998). *Patterns of artistic development: Comparative studies of talent.* Cambridge, UK: Cambridge University Press.

Mittler, G. A. (1980). Learning to look/looking to learn: A proposed approach to art appreciation at the secondary school level. *Art Education, 33*(3), 17–21.

Mittler, G. A. (1985). *Art in focus.* Mission Hills, CA: Glencoe.

Mostyn, B. (1985). The content analysis of qualitative research data: A dynamic approach. In M. Brenner, J. Brown, & D. Canter (Eds.), *The research interview: Uses and approaches* (pp. 115–145). London: Academic Press.

Mullins, F. (1993). Considerations of the geometric proportions and terrestrial observations of the Serpent Mound as a model cosmology. In G. Clark & E. Zimmerman (Eds.), *Making a difference: Differentiated curriculum units by teachers in the 1993 Artistically Talented Program* (pp. 78–88). Bloomington: Indiana University, School of Education, and the Indiana Department of Education, Gifted and Talented Program.

Mumford, M. D., Connely, M. S., Baughman, W. A., & Marks, M. A. (1994). Creativity and problem solving: Cognition, adaptability, and wisdom. *Roeper Review, 16*(4), 241–246.

Nachitgal, P. N. (1992). Rural schools: Obsolete . . . or barbingers of the future? *Educational Horizons, 70,* 66–70.

National Assessment of Educational Progress. (1977). *Design and drawing skills* (Art report No. D6-A-01). Washington, DC: U.S. Government Printing Office.

National Assessment of Educational Progress. (1981). *Art and young Americans* (Art report No. 10-A-01). Denver, CO: Education Commission of the States.

National Center for Education Statistics. (1998). *The NAEP 1997 art report card: Eighth-grade findings from the National Assessment of Educational Progress* (NCES No. 1999-486). Washington, DC: U.S. Department of Education.

Nelson, K. C., & Janzen, P. (1990). Diane: Dilemma of the artistically talented in rural America. *Gifted Child Today, 13*(1), 12–15.

Pandiscio, R. (1999, October). Thirty to watch. *Interview*, pp. 150–154.

Pariser, D. (1991). Normal and unusual aspects of juvenile artistic development in Klee, Lautrec and Picasso: A review of findings and direction for future research. *Creativity Research Journal, 4*(1), 51–67.

Pariser, D. (1995). Lautrec: Gifted child-artist and artistic monument: Connections between juvenile and mature work. In C. Golomb (Ed.), *The development of gifted child artists: Selected case studies* (pp. 31–71). Hillsdale, NJ: Lawrence Erlbaum.

Pariser, D. (1997). Conceptions of children's artistic giftedness from modern and postmodern perspectives. *Journal of Aesthetic Education, 31*(4), 35–47.

Pariser, D., & van den Berg, A. (1997a). Beholder beware: A reply to Jessica Davis. *Studies in Art Education, 38*(3), 186–192.

Pariser, D., & van den Berg, A. (1997b). The mind of the beholder: Some provisional doubts about the U-curved aesthetic development thesis. *Studies in Art Education, 38*(3), 158–178.

Peat, F. D. (2000). *The black winged night: Creativity in nature and mind.* Cambridge, MA: Perseus.

Potok, C. (1972). *My name is Asher Lev.* Greenwich, CT: Fawcett.

Reis, S. M. (1987). We can't change what we don't recognize: Understanding the special needs of gifted females. *Gifted Child Quarterly, 31*(2), 83–89.

Reis, S. M. (1991). The need for clarification in research designed to examine gender differences in achievement and accomplishment. *Roeper Review, 13*(4), 193–202.

Renzulli, J. S. (1977). *The enrichment triad model: A guide for developing defensible programs for the gifted and talented.* Mansfield Center, CT: Creative Learning.

Renzulli, J. S. (1982). The enrichment triad. In C. J. Maker (Ed.), *Teaching models in education of the gifted* (pp. 207–236). Austin, TX: Pro-Ed.

Renzulli, J. S., & Reis, S. M. (1994). Research related to the school-wide enrichment triad model. *Gifted Child Quarterly, 38*(1), 7–20.

Renzulli, J. S., Reis, S. M., & Smith, L. H. (1981). *The revolving door identification model (RDIM).* Mansfield Center, CT: Creative Learning.

Ricci, C. (1887). *L'Arte dei bambini* [The art of the child]. Bologna, Italy: N. Zanchelli.

Richert, E. S. (1987). Rampant problems and promising practices in the identification of disadvantaged gifted students. *Gifted Child Quarterly, 31*(4), 149–154.

Robinson, A. (1991). *Cooperative learning and the academically talented student.* Storrs, CT: National Research Center on the Gifted and Talented.

Robinson, H., Roedell, W. C., & Jackson, N. E. (1979). Early identification and intervention. In H. Passow (Ed.), *The gifted and the talented: Their education and development* (pp. 138–154). Chicago, IL: University of Chicago Press.

Rogers, K. B. (1991). *The relationship of grouping practices to the education of the gifted and talented learner.* Storrs, CT: National Research Center on the Gifted and Talented.

Runco, M. (1993). *Creativity as an educational objective for disadvantaged students.* Storrs, CT: National Center on the Gifted and Talented.

Runco, M., & Nemiro, J. (1993). Problem finding and problem solving. *Roeper Review, 16*(4), 235–241.

Sabol, F. R. (1994). *A critical examination of visual arts achievement tests from state departments of education in the United States.* Unpublished doctoral dissertation, Indiana University, Bloomington.

Sandberg, S. (2003, November). *Issues surrounding Thomas Hart Benton's Indiana murals.* Paper presented at the convention of the National Association of Gifted Children, Indianapolis, IN.

Sandborn, M. P. (1979). Counseling and guidance needs of the gifted and talented. In A. H. Passow (Ed.), *The gifted and talented: Their education and development* (pp. 396–401). NSSE Yearbook, Part 1. Chicago: University of Chicago Press.

Schavelson, R., Baxter, G., & Pine, J. (1992). Performance assessment: Political rhetoric and measurement reality. *Educational Researcher, 21*(4), 22–27.

Schubert, D. S. P. (1973). Intelligence as necessary but not sufficient for creativity. *Journal of Genetic Psychology, 122*, 45–47.

Shore, B. (1987). *Recommended practices in the education and upbringing: A progress report on an assessment of the knowledge base.* Indianapolis: Indiana Department of Education.

Silver, R. (1983). *Silver Drawing Test of cognitive and creative skills.* Seattle, WA: Special Child Publications.

ilverman, L. K. (1986). What happens to the gifted girl? In C. J. Maker (Ed.), *Critical issues in gifted education: Vol. 1. Defensible programs for the gifted* (pp. 43–89). Austin, TX: Pro-Ed.

lavin, R. E. (1980). Cooperative learning. *Review of Educational Research, 50,* 315–342.

lavin, R. E. (1990). Ability grouping, cooperative learning, and the gifted. *Journal of Education of the Gifted, 14*(1), 3–8.

leeter, C. E., & Grant, C. A. (1987). An analysis of multicultural education in the United States. *Harvard Educational Review, 57*(4), 421–444.

loan, K. D., & Sosniak, L. A. (1985). The development of accomplished sculptors. In B. Bloom (Ed.), *Developing talent in young people* (pp. 90–138). New York: Ballantine.

mith, N. (1998). *Observation drawing with children. A framework for teaching.* New York: Teacher's College Press.

mith, P. L., & Traver, R. (1983). Classical living and classical learning: The search for equity and excellence. In M. C. Smith, *Proceedings of the Annual Conference of the Midwest Philosophy of Education Society* (pp. 79–92). Chicago: Midwest Philosophy of Education Society.

talker, M. Z. (1981). Identification of the gifted in art. *Studies in Art Education, 22*(2), 49–56.

tanley, J. C. (1977). Rationale of the study of mathematically precocious youth (SYMPY) during the first five years of promoting educational acceleration. In J. C. Stanley, W. C. George, & C. H. Solano (Eds.), *The gifted and creative: A fifty-year perspective* (pp. 75–112). Baltimore, MD: Johns Hopkins University Press.

tarko, A. J. (2001). *Creativity in the classroom: Schools of curious delight* (2nd ed.). Mahwah, NJ: Lawrence Erlbaum.

ternberg, R. J. (1985). *Beyond IQ: A triarchic theory of human intelligence.* New York: Cambridge University Press.

ternberg, R. J. (1986). Identifying the gifted through IQ: Why a little bit of knowledge is a dangerous thing. *Roeper Review, 8*(3), 143–150.

ternberg, R. J. (Ed.). (1999). *Handbook of creativity.* Cambridge, UK: Cambridge University Press.

ternberg, R. J. (2001). What is the common thread of creativity? *American Psychologist, 56*(4), 360–362.

ternberg, R. J., & Lubart, T. I. (1999). Concept of creativity: Prospects and paradigms. In R. J. Sternberg (Ed.). *Handbook of creativity* (pp. 3–15). Cambridge, UK: Cambridge University Press.

ternberg, R. J., & Williams, W. M. (1996). *How to develop student creativity.* Alexandria, VA: Association for Supervision and Curriculum Development.

Stevens, M. (1992). School reform and restructuring: Relationship to gifted educaiton. In Ohio Department of Education, *Challenges in gifted education: Developing potential and investing knowledge for the 21st century* (pp. 49–55). Columbus: Ohio Department of Education.

Stokrocki, M. (1986). A portrait of an effective elementary art teacher. *Studies in Art Education, 27*(2), 82–93.

Stokrocki, M. (1990). A portrait of a black art teacher of preadolescents in the inner city. In B. Young (Ed.), *Art, culture, and ethnicity* (pp. 201–218). Reston, VA: National Art Education Association.

Stokrocki, M. (1995). Understanding young children's ways of interpreting their experiences through participant observation. In C. M. Thompson (Ed.), *The visual arts and early childhood learning* (pp. 67–72). Reston, VA: National Art Education Association.

Sullivan, G. (1993). Art-based art education: Learning that is meaningful, authentic, critical and pluralist. *Studies in Art Education, 35*(1), 5–21.

Taylor, R. (1986). *Educating for art.* London: Longman.

Terman, L., & Oden, M. (1947). Genetic studies of genius. Vol. 4. *The gifted child grows up: Twenty-five year's follow-up of a superior group.* Stanford, CA: Stanford University Press.

Thorndike, E. L. (1916). Tests of esthetic appreciation. *Journal of Educational Psychology, 7*(10), 509–517.

Thurber, F., & Zimmerman, E. (1997). Voice to voice: Developing in-service teachers' personal, collaborative, and public voices. *Educational Horizons, 75*(4), 20–26.

Tiebout, C., & Meier, N. C. (1936). Artistic ability and general intelligence. *Psychological Monographs, 48*(213), 95–125.

Tomlinson, C. A. (1995). *How to differentiate instruction in mixed-ability classrooms.* Alexandria, VA: Association for Supervision and Curriculum Development.

Tomlinson, C. A., Kaplan, S. N., Renzulli, J. S., Purcell, J., Leppin, J., & Burns, D. (2002). *The parallel curriculum: A design to develop high potential and challenge high ability learners.* Thousand Oaks, CA: Corwin Press.

Torrance, E. P. (1963). *Education and the creative potential.* Minneapolis: University of Minnesota Press.

Torrance, E. P. (1972). Career patterns and peak creative achievements of creative high school students twelve years later. *Gifted Child Quarterly, 26*(2), 75–88.

Treffinger, D. J., & Renzulli, J. (1986). Giftedness as potential for creative productivity: Transcending IQ issues. *Roeper Review, 8*(3), 150–163.

Treffinger, D. J., Sortore, M. R., & Cross, J. A. (1993). Programs and strategies for nurturing creativity. In K. A. Heller, F. J. Monk, & A. H. Passow (Eds.), *International handbook of research and development of giftedness and talent* (pp. 555–567). New York: Pergamon.

Tuttle, F., & Becker, L. (1980). *Characteristics and identification of gifted and talented students.* Washington, DC: National Education Association.

VanTassel-Baska, J. (1986). Acceleration. In C. J. Maker (Ed.), *Critical issues in gifted education: Vol. 1. Defensible programs for the gifted* (pp. 179–196). Rockville, MD: Aspen.

VanTassel-Baska, J. (1987). The ineffectiveness of the pull-out program model in gifted education: A minority perspective. *Journal of Education of the Gifted, 10*(4), 255–264.

VanTassel-Baska, J. (1992). Educational decision making on acceleration and grouping. *Gifted Child Quarterly, 36*(2), 68–72.

VanTassel-Baska, J. (1998). *Excellence in educating gifted and talented learners* (3rd ed.). Denver, CO: Love Publishing.

Vernon, P. E., Adamson, G., & Vernon, D (1977). *The psychology and education of gifted children.* Boulder, CO: Viewpoint.

Viola, W. (1942). *Child art* (2nd ed.). London: University of London Press.

Walters, J., & Gardner, H. (1984, March). *The crystallizing experience: Discovering an intellectual gift.* Technical paper, supported by grants from the Social Science Research Council and the Bernard van Leer Foundation of The Hague. (ERIC Document Reproduction Service No. ED 254 544)

Weiner, J. L. (1968). Attitudes of psychologists and psychometrists toward gifted children and programs for the gifted. *Exceptional Children, 34*(5), 364.

Weiner, J. L., & O'Shea, H. E. (1963). Attitudes of university faculty, administrators, teachers, supervisors, and university students toward the gifted. *Exceptional Children, 30*(4), 163.

Weitz, M. (1961, March 24). *The nature of art.* Address given at the conference of the National Committee on Art Education, Columbus, Ohio.

Wenner, G. C. (1985). Discovery and recognition of the artistically talented. *Journal for the Education of the Gifted, 8*(3), 221–238.

Whipple, G. M. (1919). *Classes for gifted children.* Bloomington, IL: Public School Publishing.

Willats, J. (1997). *Art and representation. New principles in the analysis of pictures.* Princeton, NJ: Princeton University Press.

Wilson, B., Hurwitz, A., & Wilson, M. (1987). *Teaching drawing from art.* Worcester, MA: Davis.

Wilson, B., & Wilson, M. (1976). Visual narrative and the artistically gifted. *Gifted Child Quarterly, 20*(4), 423–447.

Wilson, B., & Wilson, M. (1980). Beyond marvelous Conventions and inventions in John Scott's Gemin. *School Arts, 80*(2), 19–26.

Wilson, T., & Clark, G. (2000). Looking and talking about art: Strategies of an experienced art teacher. *Visual Arts Research, 52*(2), 33–39.

Winner, E. (1996). *Gifted children: Myths and realities.* New York: Basic Books.

Winner, E., & Martino, G. (1993). Giftedness in the visual arts and music. In K. A. Keller, F. J. Monk, & A. H. Passow (Eds.), *International handbook of research and development of giftedness and talent* (pp. 253–281). New York: Pergamon.

Winter, G. W. (1987). *Identifying children in grades 1– who are gifted and talented in the visual and performing arts using performance rated criteria.* A report presented in partial fulfillment of requirements for the Doctor of Education degree, Nova University, Fort Lauderdale, FL.

Witzling, M. R. (1994). *Voicing today's visions: Writings by contemporary women artists.* New York: Universe.

Wolf, D. P., & Perry, M. (1988). From endpoints to repertoires: New conclusions about drawing development. In H. Gardener, & D. Perkins (Eds.), *Art, mind and education* (pp. 17–34). Urbana: University of Illinois Press.

Worthen, B. R., & Spandel, V. (1991). Putting the standardized test debate in perspective. *Educational Leadership, 48*(5), 65–69.

Zaffrann, R. T. (1978). Gifted and talented students. Implications for school counselors. *Roeper Review 1*(2), 9–13.

Ziegfeld, E. (1961). *Art for the academically talented student.* Washington, DC: National Art Education Association.

Zimmerman, E. (1991). Rembrandt to Rembrandt: A case study of a memorable painting teacher of artistically talented 13- to 16-year-old students. *Roeper Review, 13*(2), 174–185.

Zimmerman, E. (1992a). Assessing students' progress and achievements in art. *Art Education, 45*(6), 34–38.

Zimmerman, E. (1992b). A comparative study of two painting teachers of talented adolescents. *Studies in Art Education, 33*(2), 174–185.

Zimmerman, E. (1992c). Factors influencing the graphic development of a talented young artist. *Creativity Research Journal, 5*(3), 295–311.

Zimmerman, E. (1992d). How should students' progress and achievements be assessed? A case for assessment that is responsive to diverse students' needs. *Visual Arts Research, 20*(1), 29–35.

Zimmerman, E. (1994–1995). Factors influencing the art education of artistically talented girls. *Journal of Secondary Gifted Education, 6*(2), 103–112.

Zimmerman, E. (1995). It was an incredible experience: The impact of educational opportunities on a talented student's art development. In C. Golomb (Ed.), *The development of artistically gifted children: Selected case studies* (pp. 135–170). Hillside, NJ: Lawrence Erlbaum.

Zimmerman, E. (1997a). Assessment. In Clark, G., & Zimmerman, E. (1997a). *Project ARTS: Programs for ethnically diverse, economically disadvantaged, high ability, visual arts students in rural communities* (pp. 163–184). Washington, DC: U. S. Department of Education. (ERIC Document Reproduction Service No. ED 419 762 and ED 419 765)

Zimmerman, E. (1997b). Authentic assessment in art education. In S. La Pierre & E. Zimmerman (Eds.), *Research methods in art education* (pp. 149–169). Reston, VA: National Art Education Association.

Zimmerman, E. (1997c). Authentic assessment of a painting class: Sitting down and talking with students. In G. D. Phye (Ed.), *Handbook of classroom assessment: Learning, achievement, and adjustment* (pp. 448–458). New York: Academic Press.

Zimmerman, E. (1997d). Building leadership roles for teachers in art education. *Journal of Art and Design Education, 6*(3), 281–284.

Zimmerman, E. (1997e). Excellence and equity issues in art education: Can we be excellent and equal too? *Arts Education Policy Review, 98*(4), 281–284.

Zimmerman, E. (1997f). I don't want to sit in the corner cutting out valentines: Leadership roles for teachers of talented art students. *Gifted Child Quarterly, 41*(1), 37–41.

Zimmerman, E. (1999). A cautionary tale for those involved in large-scale arts assessments. *Art Education, 5*(5), 44–50.

MEMO

國家圖書館出版品預行編目（CIP）資料

美術資優教育原則與實務／Gilbert Clark, Enid Zimmerman 著；
林仁傑譯 .-- 初版 .-- 臺北市：心理，2011.01
面；　公分 .--（資優教育與潛能發展系列；62034）
譯自：Teaching talented art students : principles and practices
ISBN 978-986-191-385-8（平裝）

1. 資優教育　2. 美術教育

529.61　　　　　　　　　　99016330

資優教育與潛能發展系列 62034

美術資優教育原則與實務

作　　　者：Gilbert Clark、Enid Zimmerman
譯　　　者：林仁傑
執 行 編 輯：李　晶
總　編　輯：林敬堯
發　行　人：洪有義
出　版　者：心理出版社股份有限公司
地　　　址：台北市大安區和平東路一段 180 號 7 樓
電　　　話：(02) 23671490
傳　　　真：(02) 23671457
郵 撥 帳 號：19293172　心理出版社股份有限公司
網　　　址：http://www.psy.com.tw
電 子 信 箱：psychoco@ms15.hinet.net
駐 美 代 表：Lisa Wu（Tel: 973 546-5845）
排　版　者：葳豐企業有限公司
印　刷　者：正恒實業有限公司
初 版 一 刷：2011 年 1 月
I　S　B　N：978-986-191-385-8
定　　　價：新台幣 300 元